Sigrid Mohoroto

HAYMON taschenbuch 130

W0031288

Haftungsausschluss
Dieser Kriminalroman spielt zwar an den real existierenden
Orten Seefeld in Tirol (A) sowie Mittenwald (D), ist aber natürlich
rein fiktiv – alle erwähnten Personen entstammen ausschließlich
meiner Phantasie. Bei genauerer Überlegung sind auch mein Seefeld
und mein Mittenwald nicht real, sondern eben so, wie ich als
Krimiautorin sie gern hätte ...

Auflage:
5   4   3

2017 2016 2015 2014

HAYMON tb **156**

Originalausgabe
© Haymon Taschenbuch, Innsbruck-Wien 2014
www.haymonverlag.at

Alle Rechte vorbehalten. Kein Teil des Werkes darf in
irgendeiner Form (Druck, Fotokopie, Mikrofilm oder in einem
anderen Verfahren) ohne schriftliche Genehmigung des Verlages
reproduziert oder unter Verwendung elektronischer Systeme
verarbeitet, vervielfältigt oder verbreitet werden.

ISBN 978-3-85218-956-7

Umschlaggestaltung: Eisele Grafik·Design, München
Buchgestaltung, Satz:
hœretzeder grafische gestaltung, Scheffau/Tirol
Umschlagfotos: Shutterstock/KAMONRAT (Stiefel), Shutterstock/
badztua (Handschuh), Shutterstock/Madlen (Erdhaufen),
Shutterstock/pinkypills (Blätter & Boden)
Autorenfoto: Jürgen Weller Fotografie, Schwäbisch Hall

Gedruckt auf umweltfreundlichem,
chlor- und säurefrei gebleichtem Papier.

Tatjana Kruse
Grabt Opa aus!
Ein rabenschwarzer Alpenkrimi

Tatjana Kruse
Grabt Opa aus!

In medias res

Sein Leben als Leiche begann an einem Spätnachmittag im Herbst, ohne dass er es merkte.

Über ihm paddelte eine Stockente männlichen Geschlechts. Irgendwie niedlich, wie sie mit ihren Patschefüßchen durchs Wasser pflügte, zielstrebig auf das Ufer zu, wo es flach war und sie gründeln konnte. Schließlich war es Abendbrotzeit. Die Sonne lugte gerade noch so über die Bergspitzen und tauchte den Wildsee in glitzerndes Blaugrün.

Er war nicht allein. Sie wogten zu mehreren im Wasser. Nicht alle von ihnen hatten allerdings noch Fleisch auf den Knochen. Eigentlich war er der einzige Unskelettierte. Jedenfalls dachte er das, bis er sich umdrehte und den Kollegen hinter sich sah. Der hatte noch fleischige Augäpfel in seinem ansonsten von Fischen und anderem Seegetier abgenagten Schädel.

Er hätte sich jetzt gern übergeben, aber dann hätte er in die durchsichtige Plastiktüte gekotzt, die man ihm über den Kopf gestülpt und am Hals zugeschnürt hatte. Sie war überhaupt der Grund, warum er noch lebte. Wegen des Rests Sauerstoff in der Tüte. Den er jedoch zusehends wegatmete. Er wurde müde.

Von oben, vom Ufer, konnte man ihn zweifellos nicht sehen. Zum einen bildete das Reet einen Sichtschutz. Die meisten Menschen, sogar Anwohner, dachten ja, hier sei der See nur mehr ein Sumpf. Dabei war *das* seine tiefste Stelle. Hier, gleich hinter dem Schilfrohr, das vom Ufer aus als blickdichter Vorhang diente. Aber wer hätte ihn schon sehen sollen – es war kein Bilderbuchherbst, und bei dem ungemütlichen Nieselwetter saß man sowohl als Tourist wie auch als Anwohner lieber irgendwo im Trockenen und trank seinen Jagertee oder sein Zipfer.

Er blickte nach unten. Man hatte ihn mit Seilen an einen Felsblock gebunden. Würde er ohne Taschenmesser loskommen?

Er wandte den Kopf wieder zu der Ente nach oben. Sie war kaum noch auszumachen. Der Hunger trieb sie voran.

Gründeln. Einer Sache auf den Grund gehen. Das musste er jetzt auch. Warum, bitteschön, wollte ihn jemand umbringen? Und WER?

Aber von Anfang an ...

1
Herr Hofrat lässt grüßen

Was man seinem ärgsten Feind wünscht: Fußpilz. Kopf-
läuse. Wohnungsbrand. Erbschaft.

Nicht unbedingt in dieser Reihenfolge. Aber am besten alles zusammen.

Ha, würden die meisten darauf einwenden, *ich
wünschte, mir würde mal jemand was vererben. Erben,
das ist doch toll. Also vielleicht nicht das Erben an sich,
aber das Geerbthaben. Will heißen: die Erbschaft. Als
solche. Immer her damit!*

So oder ähnlich sprechen wohl Unbedarfte. Solche,
die es noch nicht erlebt haben.

Natürlich ist man hinterher schlauer. Nachdem man
geerbt hat. Weil nämlich, man kriegt immer weniger,
als man denkt, und das, was man kriegt, macht einen
nicht glücklich. Oder andere wollen es haben. Oder
alles drei.

Aber wir wollen nicht vorgreifen ...

Als Alfie an jenem unseligen Vormittag, den er für
einen ganz normalen Vormittag hielt, den Brief aus
Österreich bekam, tauchte er nach einem Blick auf die
Briefmarke und den Poststempel in ein Wechselbad der
Gefühle: Erst war er perplex – wobei sich diese Phase
zog –, dann hin und weg, dann ungläubig, schließlich
euphorisch. Ein Brief aus dem Ausland!

Besagte Perplexität gründete auf der Tatsache, dass
er in Österreich niemanden kannte, wiewohl er sich
dumpf erinnerte, mit seiner Großmutter in der Kindheit einmal Sommerferien in Mittenwald verbracht zu
haben. Das liegt ja so nahe an der Grenze, dass er dort
zweifellos einem Österreicher begegnet sein musste.
Aber der würde sich ebenso wenig an ihn erinnern, wie

umgekehrt Alfie sich an den Österreicher erinnerte. So ein Österreicher schrieb ihm nicht drei Jahrzehnte später. Womöglich war er auch schon tot, dieser Österreicher. Und posthum würde er ihm schon gar nicht schreiben. Und wenn doch, dann wär's creepy.

Als Alfie den Umschlag mit den Zinken einer Kuchengabel gewissenhaft aufschlitzte – er war kein Freund von Spontaneität, Chaos und schludrig geöffneten Briefumschlägen –, erwies sich der Inhalt denn auch nicht als später Urlaubsgruß, sondern als höchst anwältliches Schreiben. Von einem Rechtsanwalt. Bestimmt ein Hofrat. Waren in Österreich nicht alle Anwälte Hofräte? Obwohl's gar keinen Hof mehr gab? Alfie geriet ins Grübeln. Konzentration auf das Wesentliche war seine Sache nicht. Doch dann sah er die Betreffzeile ...

Seefeld in Tirol

Re: Erbsache Matthias Gänswein

Sehr verehrter Herr Alfred Gänswein,

mit großem Bedauern müssen wir Sie über das Ableben Ihres Onkels, Herrn Matthias Gänswein (von hier an Erblasser *genannt), in Kenntnis setzen.*

Der Erblasser, welcher am Freitag vergangener Woche offiziell für tot erklärt wurde, hat Sie als nächsten Anverwandten in seiner letztwilligen Verfügung als Alleinbegünstigten in nicht unerheblichem Umfange bedacht, und wir laden Sie somit zur Testamentsverlesung am 20. September in unsere Kanzlei in der Klosterstraße zu Seefeld

*in Tirol ein (Anfahrtsplan anbei), wonach Sie uns
mitteilen können, ob Sie den Nachlass – also das
Vermögen samt aller Rechte und Pflichten – an-
zunehmen gedenken.*

*Wir verbleiben mit vorzüglicher Hochachtung,
gez. Karl Rinnerthaler*

KANZLEI RESNIK, RINNERTHALER & SUSS

Ein Erbe! Von seinem Onkel Matze. An dieser Stelle
setzte bei Alfie der Unglauben ein.

„Einmal türkischer Kaffee mit Karamell-Flävor!",
dröhnte da eine Stimme.

Alfie schreckte aus seinen Überlegungen auf.

Wer nichts wird, wird Wirt. Oder Barista. Letzteres
war seine Berufsbezeichnung. Zumindest hier im Café.
Vielleicht einen Tick hoch gegriffen, da er keinerlei ziel-
führende Ausbildung genossen hatte. Er konnte hinter dem Vorhang, im Hinterzimmer des kleinen Cafés,
Kapseln in die Maschine drücken und gut. Wenn er in
Stimmung war, gab er dabei bisweilen schmatzende, zi-
schende Geräusche von sich, als ob er eine hochkom-
plexe High-Tech-Edelstahlkaffeemaschine aus Italien
bediente, und keinen Mini-Coffeemaker zum Schnäppchenpreis aus dem Kaufhaus gegenüber. Mehr brauchte
es aber auch nicht.

Das Café von Dietmar Schröpp lag in einer nord-
deutschen Kleinstadt. Es gab insgesamt drei Cafés am
Ort: die Touristenfalle am Marktplatz (Spezialität: Café
Latte mit Schaumkrone für 6 Euro 50), das angesagte
Trend-Café hinter dem Rathaus (Soja-Latte mit Fair-
trade-Kaffee für 4 Euro 50) und das alteingesessene

Café Schröpp (Tasse Kaffee mit Kondensmilchspritzer für 2 Euro), das man – wenn man ihm wohl gewogen war – nur der Schräggastronomie zuordnen konnte. Das Mobiliar hatte seinerzeit noch der – leider geschmacksverirrte – Vater des jetzigen Schröpp angeschafft, und seit damals war auch weder renoviert noch tapeziert worden.

Frau Schröpp hatte Alfie eingestellt, obwohl ihm Qualifikationen jedweder Art fehlten. Beim Einstellungsgespräch hatte sie ihm die Hand gestreichelt. Das hätte ihm zu denken geben müssen. Hatte es aber nicht. Alfie war kein großer Denker, er ließ das Leben einfach auf sich zukommen. Es kam ja ohnehin, ob man nun dachte oder nicht.

„Wir haben nur normalen Kaffee ohne Geschmack", sagte Alfie jetzt zu dem Mann, dem die dröhnende Stimme gehörte. Eine Nikon hing um seinen Hals. Er trug Cargohosen, ein Netzhemd und eine blonde Minipli-Dauerwelle. Ein wenig sah er aus wie der *Camel*-Mann aus der Werbung.

Manchmal verirrten sich auch Abenteuertouristen ins Schröpp, die – abseits gängiger Sightseeingwege – das wahre Kleinstadtdeutschland erkunden wollten.

„Entschuldigung, der Herr, selbstverständlich haben wir auch türkischen Kaffee mit Karamell-Flavour", donnerte da Dietmar Schröpp.

Alfie hatte gar nicht bemerkt, dass sein Chef zur Arbeit gekommen war – besser spät als nie –, so sehr hatte ihn das Anwaltsschreiben beschäftigt.

Schröpp, ein bulliger, schädelrasierter Zweimetermann, zog den schmächtigen Alfie hinter den dunkelroten Samt-Vorhang, der die Theke vom Hinterzimmer trennte. Die Theke diente im Grunde nur als Dekorationsgrundlage für einen Kerzenleuchter mit brennen-

den Kerzen und eine altmodische, schwarze Registrier-
kasse, die Schröpp einst superbillig auf eBay ersteigert
hatte, weil sie nicht mehr funktionierte. Alles Wichti-
ge passierte hinter dem Vorhang, wo auch schon mal
Instantkaffee verwendet wurde.

„Der Kunde hat immer recht", zischte Schröpp.

„Aber wir haben wirklich keinen türkischen Kaffee.
Und auch keinen Karamellgeschmack." Alfie war sich
in vielen Dingen des Lebens unsicher, aber dass sie ausschließlich handelsübliche Kapseln mit einem Kaffee-
pulver aus Robusta-Bohnen ohne Geschmackszusät-
ze führten, das wusste er genau. Also, ziemlich genau.
Zur Sicherheit ließ er dennoch seine Blicke schweifen,
als könnten sich im Café Schröpp wie durch Zauberhand irgendwelche Trend-Kapseln materialisiert haben. Was aber nicht der Fall war.

„Idiot!", fauchte Schröpp und drückte eine Kapsel
in die Maschine. In die gefüllte Tasse warf er eins der
Karamellbonbons aus dem Goldfischglas, das ebenfalls noch aus der Gründungszeit des Cafés stammte.
Seinerzeit schwammen tatsächlich zwei Goldfische darin, mittlerweile aber nur noch Bonbons, für den Fall,
dass mal ein Kleinkind ruhigzustellen war.

„Du wartest zwei Minuten, dann rührst du um, löf-
felst die Reste vom Bonbon heraus und trägst die Tasse
zum Kunden. Und sag ja nie wieder, dass wir nur *Kaffee ohne Geschmack* hätten!" Schröpp schüttelte den
Kopf. „Werd doch endlich mal flexibler. Und entwick-
le Eigeninitiative!"

Alfie antwortete nicht. Vor Autoritätspersonen hatte
er einen Heidenrespekt. Auch noch mit knapp über 30.
Wobei er keinen Tag älter als 21 aussah. An Supermarkt-
kassen bat man ihn regelmäßig um seinen Ausweis,
wenn er Alkohol kaufen wollte. Seine Großmutter hatte

immer gesagt, dass sein reines Herz ihn so jung aussehen ließ. Sie hatte es auf gute Gene zurückgeführt und auf seine blonde Wuschelfrisur, die er selbst mit Gel nicht zu bändigen vermochte, und darauf, dass ihm ständig ein Hemdzipfel aus der Hose hing, obwohl er ihn immer wieder zurückstopfte. Alfie war durch und durch einer, der es stets versuchte, der immer sein Bestes gab ... und scheiterte.

Wie viele ließen sich Botox spritzen, um jünger auszusehen. Für Alfie jedoch war das Jüngeraussehen ein Fluch. Von aller Welt wurde er wie ein Kind behandelt, obwohl er doch längst ein Mann war. Gern wäre. Sein sollte.

Nein, wem machte er was vor, es hatte keinen Sinn, Alfie musste zugeben: Er war noch unausgereift. Er hatte etwas Bubenhaftes an sich, besaß keinerlei besondere Fähigkeiten oder Talente und war im Umgang mit Menschen gehemmt. Bisweilen überlegte Alfie, der ein großer Cineast vor dem Herrn war, welcher Schauspieler ihn darstellen sollte, falls sein Leben jemals von Hollywood verfilmt würde. Der junge Michael J. Fox fiel ihm da ein. Oder irgendeiner von den Hobbit-Darstellern.

„Kaffee kommt sofort, der Herr", rief Schröpp durch den Vorhangschlitz in den Schankraum. „Verbock das ja nicht!", brummte er in Richtung Alfie und ging in sein Büro.

„Lass den Jungen in Frieden!", meldete sich da Frau Schröpp zu Wort, die eben mit zwei Tüten vom Einkaufen zurückkam.

„Ja, ja." Genervt zog Schröpp die Bürotür hinter sich zu.

„Hallo Alfie", gurrte Frau Schröpp gleich darauf in Alfies Ohr. „Ich muss mit dir reden."

Frau Schröpp war eine dralle Rassefrau mit verfüh-
rerischen Kurven und einem sinnlichen Lächeln, die
nur versehentlich in die Ehe mit ihrem grobschläch-
tigen Mann geraten sein konnte. Vermutlich in alko-
holisiertem Zustand. Oder es gab auch eine lichte
Dr.-Jekyll-Seite zur dunklen Seite des bärbeißigen
Mr.-Hyde-Schröpp, die Alfie nicht kannte. Jedenfalls
hatte Frau Schröpp beim Anblick von Alfie den *Cougar*
in sich entdeckt. So nannte man neuerdings Frauen,
die sich nicht länger mit abgehangenen Steaks begnü-
gen wollten und daher eine Vorliebe für männliches
Frischfleisch entwickelten. Allein sein Anblick – dieses makellose Jungmännergesicht unter den engels-
gleichen, blonden Locken – brachte Gerda Schröpp
zum Schnurren.

Beim Schnurren war es allerdings nicht geblieben.

„Ich muss den Kaffee servieren", murmelte Alfie
rasch, als die frisch manikürte Rechte seiner Chefin
sich in seinen Schritt verirrte. Gab es eigentlich ein
Wort für *absichtlich verirren*?

Alfie warf das Karamellbonbon in die Tasse – mithin
schon das Zweite, aber wer zählte schon mit –, rührte um und trug die Tasse nach draußen. Der Tourist
nickte und bedankte sich. Er saß am guten Ecktisch
neben dem Vorhang, einen Stadtplan auf dem Schoß
ausgebreitet. „Kennen Sie sich hier aus?", wollte er
wissen.

Alfie schüttelte den Kopf. Er war hier geboren und
aufgewachsen und bis auf zwei Schulausflüge und ge-
legentliche Urlaube, neben der einen Ferienwoche in
Mittenwald mehrheitlich in der Ferienwohnung seiner Großmutter am Meer, war er auch so gut wie nie
von hier weggekommen, aber ihm gingen gerade andere Dinge durch den Kopf.

Er hatte geerbt! Diesen Gedanken ließ er sich genüsslich auf der Zunge zergehen.

Gleich darauf setzte Ernüchterung ein, denn was konnte Onkel Matze schon besitzen, das es wert wäre, geerbt zu werden?

Der Name Matthias Gänswein war seit jeher ein Synonym für *Bloß nicht! Lasst euch sein Schicksal eine Warnung sein!* Vielleicht nicht für die Welt im Allgemeinen, aber ganz sicher für jedes Mitglied der Gänswein-Sippe.

Mit 15 schwängerte Matze seine Mathematiklehrerin. Sie zog in eine andere Stadt – was aus dem Ungeborenen wurde, ob es überhaupt je das Licht der Welt erblickte, wusste man nicht.

Mit 16 wurde Matze wegen Drogenbesitz – er betrieb eine Haschischplantage auf dem Dachboden seines Elternhauses, wo er mit seiner Rockband probte – vom Gymnasium geworfen. Obwohl das offizielle Ermittlungsverfahren eingestellt wurde, da es sich um ein Erstvergehen handelte, galt er fortan als Betäubungsmittelkonsument.

Mit 17 schwängerte er die Nachbarstochter, die das Baby sofort nach der Geburt zur Adoption freigab. Körperlich überstand sie alles gut, seelisch aber nicht: Sie ging kurz darauf ins Kloster.

Mit 18 raubte Matze die Kasse der örtlichen Tankstelle aus, als der Besitzer gerade für kleine Tankstellenbesitzer war. Man kannte sich in der Kleinstadt, Matzes Mutter regelte die Angelegenheit unter der Hand und ersetzte den Schaden – mit einer Sonderprämie wegen des Schocks. So erhielt die Staatsmacht nie Kenntnis davon, und Matze wurde nicht zum Vorbestraften. Aber man sah doch ganz deutlich, dass sich durch das Leben seines Onkels gewissermaßen ein verlotterter roter Faden zog.

Nach der Sache mit der Tankstelle verließ er den Ort. Alle gingen davon aus, dass er sein Leben künftig als Klein-, Mittel- oder Schwerkrimineller beziehungsweise als Obdachloser unter einer Brücke fristen würde, definitiv als Junkie. In der Familie sprach man nicht von ihm – was Alfie über ihn wusste, hatten Nachbarn ihm zugetragen –, und so wuchs Alfie nur mit der dumpfen Ahnung auf, dass es irgendwo auf der Welt einen Bruder seiner Mutter geben musste. Kennengelernt hatte er ihn nie. Matze hatte lange vor seiner Geburt das elterliche Nest verlassen, und Alfies Mutter, Matzes Schwester, wurde erst sehr spät schwanger – mit fast 42. Heutzutage mochte das ein völlig normales Wurfalter sein, damals jedoch galt sie als Spätgebärende mit Risikoschwangerschaft. Es war dann aber alles gut gegangen und Alfie wuchs zum Garanten dafür heran, dass der schöne Name Gänswein nicht aussterben würde.

Angesichts von Matzens Vorgeschichte existierten allerdings vermutlich Dutzende, wenn nicht gar Hunderte Cousins und Cousinen, weil Matze beim Rammeln mit allem, was nicht bei drei auf einem Baum saß, nicht verhütete. Aber offenbar war keiner dieser „Unfälle" jemals ehelich zur Welt gekommen, sonst wäre Alfie jetzt nicht Alleinbegünstigter. Wie auch immer; Alfie hätte nie und nimmer damit gerechnet, irgendwann von seinem Onkel zu hören. Geschweige denn ihn zu beerben. Noch dazu ein Erbe in *nicht unerheblichem Umfange*.

Dies war der Moment, in dem sich die Euphorie durchsetzte. Dabei hätte es ihn stutzig machen müssen: Seit wann meinte es das Schicksal gut mit ihm?

Er, Alfie, der Freundschaftsbandenthusiast, Katzenhaar- und Ananasallergiker sowie Gelegenheitsjobber, konnte nun wirklich nicht behaupten, zu Fortunas Günstlingen zu gehören. Wohlgemerkt, er war auch kein Verlierertyp, kein farbloser Wicht, gewissermaßen die Farbe Beige auf zwei Beinen. Nein, er war eben ein Normalo, ein Durchschnittsmann – okay, vielleicht einen Tick unterdurchschnittlich –, einer, der noch nicht wusste, was das Leben mit ihm vorhatte, aber dennoch auch einer mit völlig normalen Vorlieben, Macken und Ängsten. Er hatte beispielsweise Flugangst und fürchtete, irgendwann an einer Fischgräte zu ersticken. Er wollte kein Alzheimer bekommen oder langes Siechtum erleiden. Was sich im Grunde eben jeder wünschte. Oder, besser gesagt, *nicht* wünschte.

Auch Alfies Kindheit und Jugend war durchschnittlich gewesen, als kleiner Hüpfer viel auf dem Bolzplatz, in der Schule zwei Mal beinahe eine Ehrenrunde eingelegt, aber gerade noch so davongekommen, zwei abgebrochene Lehren, ereignislose Berufstätigkeit in wechselnden Jobs, dümpelndes Privatleben. Er hatte Herrenschuhe verkauft, Lederwaren aller Art, Tierfutter und Souvenirartikel, aber es hatte ihn nicht glücklich gemacht. Ebenso wenig wie seine Vorgesetzten. Kurzum, Glück schien für ihn nicht vorgesehen.

Er war nicht nichts. Nur würde man für die Verfilmung seines Lebens keinen A-Listen-Star aus Hollywood verpflichten, wie es ihm in seinen Tagträumen vorschwebte, sondern mehr so die dritte Liga der deutschen Fernsehunterhaltung.

Aber vielleicht wendete sich jetzt das Blatt? Vielleicht war genau das sein Schicksal? Da weiterzumachen, wo sein Onkel aufgehört hatte? Wo und was auch immer das sein mochte.

Alfie kratzte sich an dem Knubbel auf seinem Ohrläppchen, dann verschwand er wieder hinter dem Vorhang.

Frau Schröpp war gerade dabei, ihre Einkaufstüten auszupacken.

„Hör zu, Alfie", flüsterte sie und sah dabei zur Bürotür, hinter der ihr Mann sich gerade die Fingernägel feilte oder Pornos auf dem Computer ansah, aber definitiv keine Büroarbeiten erledigte, denn das war ausschließlich ihre Aufgabe. Sie war der Kopf des Cafés, ihr Mann gab ihm nur den Namen. Für's Grobe war Alfie zuständig. In jeder Hinsicht. „Es gibt da etwas, das ich dir sagen muss."

„Ja, ich muss auch was loswerden", setzte Alfie an, der um Urlaub bitten wollte, um sich zu der Anwaltskanzlei nach Tirol zu begeben. Ihm graute ein wenig vor der Reise ins Unbekannte, mehr vor der Reise als vor dem Unbekannten, aber – er horchte in sich hinein, ja, ja, doch – da war auch ein gewisses Prickeln in ihm. Vorfreude wollte er es nicht nennen, aber ...

„Was ich zu sagen habe, ist wichtiger", unterbrach Frau Schröpp Alfies Gedankengänge.

Frauen gegenüber konnte Alfie nicht nein sagen. Er führte das darauf zurück, dass er nach dem frühen Unfalltod seiner Mutter bei seiner äußerst strengen Großmutter aufgewachsen war. Frau Schröpp erinnerte ihn bisweilen sehr an seine Oma – nicht äußerlich, auch nicht vom Alter her, die Schröpp war bestimmt ... mindestens ... also ganz sicher jünger, aber in ihrer Fähigkeit, in Alfie wie in einem Buch zu lesen – und ihn nach Belieben auf- und zuzuklappen. Das Buch Alfie fiel für Frau Schröpp in die Kategorie Erotikliteratur. Sie hatte ihn schon hier hinter dem Vorhang in der kleinen Kaffeeküche verführt, auf jedem einzelnen Tisch im Schankraum, im Büro natürlich und einmal sogar unten in dem feuchten Kellerkabuff, in dem sie die Kaltgetränke lagerten. Dennoch war Alfie mit ihr immer noch per Sie und auch innerlich nannte er sie Frau Schröpp.

In diesem Moment nannte er sie aber gar nichts, er überlegte nämlich, wann er am besten abreisen sollte, und dieser Gedanke füllte ihn vollkommen aus. Spontaneität war ja nicht so seins, aber vielleicht verjährte ein Testament ja? Am besten sollte er wohl so schnell als möglich aufbrechen.

„Alfie", gurrte Frau Schröpp, hielt im Auspacken inne und kraulte ihn unter dem Kinn und hinter den Ohren. Das mochte er nicht. Hatte er auch noch nie gemocht. Er war doch kein Chihuahua! Vorsichtig versuchte er, sich ihr zu entziehen, um weiter nachzudenken, aber sie fuhr den Arm periskopartig aus und kraulte weiter.

Während Alfie die Kaffeemaschine wischte und Wasser nachgoss, plante er seine Reise. Er brauchte nicht viel; es würde ja auch nicht lange dauern. Eine Unterhose zum Wechseln, seine Zahnbürste. Einen Pulli – Tirol klang bergig, da war es sicher kalt. Besser auch noch eine Wärmflasche. Seine Glückssocken, seine Magentabletten, sein Kirschkernkissen. Und seinen Ausweis. Ganz bestimmt musste man einen Ausweis vorlegen, wenn man etwas erbte. Alfie rechnete hoch. Im Grunde konnte er schon nächste Woche abreisen. Spätestens übernächste Woche.

„Alfie, hörst du mir überhaupt zu?" Aus Frau Schröpps Kraulen wurde ein Kratzen.

„Was?", entfuhr es Alfie, der nicht zugehört hatte.

„Ich sagte, ich bin schwanger!" Mit großer Geste zog Frau Schröpp einen Babystrampler aus einer

der Tüten. Rosa und hellblau gestreift, somit narren-
sicher.

„Gratuliere!", sagte Alfie. Er persönlich fand ja nicht,
dass sich Leute wie die Schröpps auch noch fortpflan-
zen sollten, aber die Natur würde sich schon was dabei gedacht haben.

„Kapierst du es nicht?" Frau Schröpp stemmte die
Hände in die Hüften. „*Du* bist der Vater! Der Schröpp
ist unfruchtbar."

Wer Alfie nicht mochte – nicht, dass es so jemanden
gegeben hätte; um nicht gemocht zu werden, musste
man Profil besitzen –, der hätte zweifelsohne behauptet, dass Alfie grundsätzlich dümmlich aus der Wäsche
schaute, aber in diesem Moment hätten das auch die
Menschen einräumen müssen, die ihn liebten – und
von denen es, mangels Profil, auch nicht sehr viele gab.
„Aber, aber ...", stotterte er.

Aber sie hatten doch immer Kondome benutzt.

Aber Frau Schröpp war doch viel zu alt, die konnte
doch unmöglich noch fruchtbar sein.

Aber ...

„Du wirst Vater!", säuselte Frau Schröpp und strahlte über alle vier Backen. „Freust du dich?"

„Nein!", purzelte es aus Alfie heraus. Ihm ver-
schwamm alles vor Augen.

Mit dem *Nein!* hatte er natürlich nur die Tatsache
gemeint, dass er der biologische Vater sein sollte, dass
trotz gewissenhafter Verhütung einer seiner kleinen
Schwimmer den Freischwimmer gemacht und eine
Eizelle befruchtet hatte. Ob er sich ganz generell darüber freute, dass neues Leben in diese Welt kam, stand
auf einem völlig anderen Blatt.

Aber Frau Schröpp, schon mittendrin im Hormon-
schwippschwapp ihrer Schwangerschaft, bekam das

in den falschen Hals und hörte nur ein *Nein!* zum Kind. Ihre Periskophand nahm wuchtig Anlauf und knallte schmerzhaft auf Alfies linke Wange.

Er torkelte nach hinten, direkt in den Vorhang, der – wie sich Sekunden später herausstellte – an einer Vorhangstange hing, die zwar das Gewicht eines puff-roten Samtvorhangs aushielt, nicht aber zusätzlich noch die paar Kilo, die der schmächtige Alfie auf die Waage brachte. Mit einem unschönen Geräusch krach-ten Alfie, Vorhang und Stange auf den Boden.

Der Tourist, der gerade die Tasse an den Mund ge-setzt und einen Schluck genommen hatte, fing plötzlich an zu röcheln und mit den Armen zu wedeln.

Am Boden liegend fiel Alfie ein, dass er das Kara-mellbonbon nicht aus der Tasse gefischt hatte, wie ihn der Schröpp angewiesen hatte. Allem Anschein nach hatte es sich nun in die Luftröhre des Touristen verirrt.

Schröpp, der angesichts des Lärms aus seinem Büro gestürmt kam, erfasste die Lage mit einem Blick, stieg über den am Boden liegenden Alfie hinweg, fasste den Touristen mit beiden Armen unter den Rippen und drückte zu. Er war beim Bund Sanitäter gewesen und hatte sich immer schon gewünscht, einmal den Heim-lich-Griff anwenden zu können. Womöglich hätte er das öfter üben sollen. Man hörte zwar das Knacken von Rippen, das Röcheln des Touristen hörte trotzdem nicht auf.

Alfie, der seinen Blick nicht von dem grausigen Anblick abwenden konnte, den der röchelnde Dauer-wellen-Tourist in Schröpps muskulösen Schraubzwin-gen-Armen abgab, wollte sich unter dem Vorhang her-vorstrampeln, um sich aufzurappeln, das heißt, er wollte sich hervorstrampeln, doch dann stieg ihm die-ser Geruch in die Nase. Es roch irgendwie verbrannt ...

„Alfie!", gellte da Frau Schröpp und zeigefingerte auf seine Beine.

Schröpp sah das Malheur noch vor Alfie, ließ den Touristen abrupt los und kam „Scheiße!" brüllend auf Alfie zugelaufen.

Der Vorhang hatte im Herabfallen eine der brennenden Kerzen auf der Theke mitgerissen, und da er sichtlich nicht aus feuerfestem Material gewoben war, hatte er Feuer gefangen und stand nun lichterloh in Flammen.

Alfie fiel in Schreckstarre.

„Gerda, hol den Feuerlöscher!", brüllte Schröpp und versuchte, die Flammen mit den Füßen auszutreten. „Mach schon!"

„Schrei mich nicht an, Dietmar! Ich darf mich in meinem Zustand nicht aufregen!", kreischte Frau Schröpp, die sich den Bauch hielt, als sei darin schon weitaus mehr als nur ein befruchtetes Ei.

Schröpp, der mittlerweile eine weiße Klöppeltischdecke von einem der Kaffeehaustische gezerrt hatte und nun damit die Flammen ersticken wollte, richtete sich auf. „Was für ein Zustand?"

„Dietmar, reg dich nicht auf!" Frau Schröpp streckte die aufgerichtete Hand vor sich, als ob die ihren gehörnten Ehemann beruhigen könnte. Oder ihn im Zweifelsfall von tätlichen Übergriffen abhalten.

„Du bist schwanger?", hauchte Schröpp fassungslos und starrte seiner Frau auf den bügelbrettflachen Bauch.

Alfies Überlebensinstinkt setzte ein. Er löste sich aus seiner Schreckstarre und robbte unauffällig rücklings in Richtung Tür.

Knisternd schlugen die Flammen höher.

Der Tourist gab einen Laut von sich. Glücklicherweise war es nicht sein letzter Röchler, sondern ein

Spuckgeräusch. Das Karamellbonbon kam aus seinem Rachen geschossen und traf Schröpp am Hinterkopf. Der reagierte nicht, starrte nur seine Frau an. Man durfte mit an Wahrscheinlichkeit grenzender Sicherheit davon ausgehen, dass ihm jetzt ein Gedanke – und nur ein einziger Gedanke – durch den Kopf schoss: Er hatte sich schon vor Jahren sterilisieren lassen – wer also war der Vater?

In diesem Moment reagierten die Rauchmelder auf den Vorhangbrand. Sehr laut und sehr schrill.

„Du bist schwanger?", wiederholte Schröpp, diesmal im dreistelligen Dezibelbereich und mit Falten auf der Stirn, die an Tiefe die Schluchten des Grand Canyon locker in den Schatten stellten. „Welches Schwein hat dich besprungen?"

Das war das Stichwort für Alfie: Er robbte schneller Richtung Tür, langte nach oben, zog die Klinke herunter und robbte hinaus. Seine Herrenhandtasche ließ er zurück, jetzt wollte er nur noch das nackte Leben retten. Na ja, nicht nackt, er trug Jeans und ein hellgraues Sweatshirt, aber bis in seinen tiefsten Kern hinein war er sich sicher, dass sein Heil einzig in der Flucht bestand.

Und er würde auch nicht erst nächste oder erst übernächste Woche nach Tirol fahren. Er würde jetzt sofort seinen Koffer packen und mit dem nächstbesten Zug die Stadt verlassen.

Es war ein wenig wie im Wilden Westen: Der Schurke hatte eine Maid geschwängert und eine Scheune abgebrannt und musste die Stadt verlassen, wenn er nicht an den nächsten Baum geknüpft werden wollte. Alfie hatte nie und nimmer damit gerechnet, dass aus ihm einmal ein solcher Westernunhold werden würde, aber offenbar hatte das Schicksal genau diese Laufbahn für ihn vorgesehen. Das lag ihm wohl im Blut, er teilte sichtlich nicht nur den Nachnamen mit Onkel Matze. An ihren Taten sollt ihr sie erkennen ...

Vor dem Café sprang Alfie auf die Beine. Als er zu seiner Wohnung rannte, hörte er schon die nahenden Feuerwehrautos. Er rannte schneller.

Womöglich – nein, gewiss – wäre er stehen geblieben und hätte sich allem gestellt, was in seiner Heimatstadt auf ihn wartete, wenn er nur gewusst hätte, was in Tirol noch alles auf ihn zukommen würde.

Aber er wusste es nicht.

Und rannte weiter.

Alfie „Kimble" Gänswein auf der Flucht.

2
Zwei Fremde im Zug

Die Hölle, das sind die anderen.

Oder ein Fernzug.

Alfies Flucht war anfangs problemlos verlaufen. Im Schweinsgalopp war er vom Café Schröpp nach Hause gewuselt, hatte dabei ständig über die Schulter geschaut, aus Sorge, sein Chef sei hinter ihm her und würde ihn mit seinen wuchtigen Pranken ungespitzt in den Boden rammen. Aber es hatte ihn niemand verfolgt.

In seiner Vollwaiseneinzimmerwohnung war das Nötigste rasch in den Einkaufstrolley seiner Großmutter gepackt. Letzterer diente ihm als Koffer. Wer nie reist, braucht keinen solchen, und was machte es schon für einen Unterschied, ob man einen überteuerten Designer-Rollkoffer besaß oder einen praktischen Einkaufstrolley im Schottenkaro? Eben. Unterwäsche, Hygieneartikel, ein Pulli, das Kirschkernkissen, sein Ausweis sowie sein Impfpass und seine Ukulele, deren Transportköfferchen – dank einer Innentasche – ihm gleichzeitig als Sparschwein für seine Ersparnisse diente. Hatte er was vergessen? Egal, das musste reichen. Er wollte nur so schnell wie möglich aus der Stadt verschwinden.

Am Bahnhof gab es noch eine satte Wartezeit, was ausnahmsweise nicht an der Deutschen Bahn lag, sondern an Alfies Ungeübtheit mit dem Ticketautomaten. Jeder andere hätte einfach die Reisenden am Bahnhof gefragt, wer ihm kurz helfen könnte; nicht so der schüchterne Alfie. Zwei Züge fuhren ohne ihn, weil er mit den Tücken der Technik kämpfte. Doch dann war es soweit. Mit dem Bummelzug in die nächste Großstadt, dann mit dem City-Nightliner weiter bis München, in Bielefeld ausgestiegen, weil im falschen Zug gesessen, nach Hannover zurückgefahren (ohne Aufpreis, weil ihm der Schaffner aufgrund der Panik in seinen blauen Welpenaugen glaubte, dass es sich um ein Versehen handelte), in Hannover in den richtigen Zug gestiegen und nach München gefahren, wo er im morgendlichen Berufspendelverkehr eintraf.

So weit, so gut.

Weil die Fahrkarte schon teuer genug gewesen war, gönnte sich Alfie nur einen einfachen Coffee to go und stellte sich ungefähr bahnhofsmittig an den Bahnsteig, auf dem jeden Moment der EuroCity nach Innsbruck einrollen sollte.

Am Nachbargleis quollen wahre Menschenmassen aus einem Nahverkehrszug, und Kleinstadt-Alfie, der solche Völkerwanderungshorden nicht gewöhnt war, stand immer irgendwie im Weg und rückte zentimeterweise weiter vor an sein Gleis. Ehe er sich's versah, versetzte ihm jemand – gerade als der ÖBB-Zug einfuhr – urplötzlich einen ungehaltenen Aus-dem-Weg-Schubser, der Alfie nach vorn in Richtung Gleis katapultierte.

Es war eine Schrecksekunde, die zur Ewigkeit wurde.

Alfie hörte Schreie: „Oh Gott!" und „Nein!" und „Aaaaaah!" Letzterer kam definitiv aus seiner Kehle.

Ihm fiel auf, dass sein Leben nicht in allen Einzelheiten an ihm vorüberzog. Oder vielleicht tat es das, war aber dermaßen uninteressant, dass er es gar nicht mitbekam.

So war es immer schon gewesen – er war das Kind, das im Sportunterricht den Ball an den Kopf bekam, er war derjenige, dem auf halber Strecke vom Supermarkt nach Hause die Einkaufstüte platzte und ihren Inhalt auf die Straße ergoss. Er war eben ein Pechvogel.

Alfie konnte förmlich schon spüren, wie er gegen die riesige, rote Lok prallte, unter sie rutschte und von ihr zermahlen wurde ...

... doch da packten ihn kräftige Hände, rissen ihn herum und zogen ihn auf den Bahnsteig zurück.

„Jungchen, Jungchen, was machst du denn für Sachen?", fragte ein hünenhafter, vierschrötiger Kerl mit Boxergesicht im Blaumann und hielt ihn vor sich wie ein Baby mit voller Windel.

Alfie strampelte mit den Beinen, bis er Bodenkontakt bekam. Er war totenbleich, bekam kein Wort heraus und spürte den kalten Windhauch der Lokomotive, die an ihm vorbeirauschte. Laut quietschend kam der Zug zum Stehen.

„Das kommt davon, wenn man zu nah am Gleiskörper steht", meinte ein schnauzbärtiger Anzugträger und schüttelte den Kopf.

„Ach herrje, das war ja grauenhaft. Ich hätte beinahe einen Herzkasper bekommen. Geht es wieder?", fragte eine grauhaarige Seniorin im roten Ganzkörper-Filz-Ensemble und tätschelte Alfie die Wange.

Typisch, wieder mal soo typisch. Alfie ärgerte sich. Das Gute: In einem so schmalen Körper wie dem von Alfie gab es nicht genug Platz für zwei Emotionen. Seine Todesangst wurde von seinem aufkeimenden Ärger verdrängt.

Er zog die Windjacke nach unten, an der ihn der Blaumann gepackt und gerettet hatte, und marschierte mit seinem Einkaufstrolley, dessen Griff er während des halbsekündigen Höllenritts krampfhaft umklammert gehalten hatte, zur nächstgelegenen Zugtür, die ihn geradewegs ins Bistro des Eurocity führte.

Er hörte den Anzugträger noch rufen: „Kein Dankeschön für den Retter? Ts, ts, ts ... die Jugend von heute!"

Die ganze Strecke bis zum ersten Halt in Rosenheim schämte sich Alfie daraufhin, dass er seinem Retter nicht gedankt hatte. Er konnte nur hoffen, dass das Karma einspringen und dem Blaumann einen Sechser im Lotto bescheren würde. Oder doch wenigstens die Wiedergeburt in einer Inkarnation, in welcher er keinen Blaumann tragen musste.

Dann setzte abrupt die Ich-bin-noch-am-Leben-Freude ein. Hatte er bis dato nur einen „Braunen" bestellt, um den verschütteten To-Go zu ersetzen, orderte er nun auch noch ein ganzes Frühstück. Überleben machte hungrig.

Bis Kufstein hatte er das Frühstück schon verschlungen, gewissermaßen in einem Happs. Er war sonst ein langsamer Esser, der immer mindestens dreißigmal kaute, aber die Nahtoderfahrung musste ihn verändert haben.

Weil es nur noch zwei Haltestellen bis Innsbruck waren, blieb er trotz leergegessenem Teller im Bistro sitzen.

Jetzt, wo er wieder durchatmen konnte und ihm die Kohlehydrate ein wohliges Gefühl bescherten, sah Alfie sich um. Um ihn herum nur alte Menschen.

Alfie hasste alte Menschen! Senioren pflegten ihm „Jungspund" unverlangt Ratschläge zu erteilen, Seniorinnen überkam bei seinem Anblick der Gluckenreflex und sie bemutterten ihn. Das war der Fluch des Bubengesichts. Irgendwie fühlten sich alle, ungeachtet ihres Geschlechts, bemüßigt, ihn vollzuquatschen. Das wollte er jetzt aber vermeiden, um sich auf den Termin beim Anwalt vorzubereiten. Da ... der Pensionär am Nebentisch sah ihn an. Alfie hob rasch die Speisekarte vor sein Gesicht.

„Entschuldigen Sie ..."

Wie hoch muss man das Teil halten, damit selbst die veralzheimertsten Mitreisenden kapierten, dass man nicht angesprochen werden wollte? Er hätte sich nicht ins Bordbistro setzen dürfen.

Sämtliche Vorbehalte, die er gegen das Reisen hegte, waren aufs Grässlichste bestätigt worden.

„Entschuldigen Sie ..."

Die gute Erziehung durch die Hand seiner Großmutter setzte ein. Alfie senkte die Speisekarte.

„... Verzeihung, wenn Sie wissen, was Sie bestellen möchten, würden Sie mir dann kurz Ihre Speisekarte überlassen? Auf meinem Tisch gibt es keine." Der Pensionär lächelte freundlich.

Alfie nickte, reichte die Karte hinüber und sah dann angelegentlich aus dem Fenster.

Jetzt erst bemerkte er die Berge. Sie mussten schon in Österreich sein. Seine erste Auslandsreise. Wie schön!

Alfie wähnte sich im Glück. Das war voreilig. Natürlich.

Denn dann kam Innsbruck.

Wobei die Stadt gar nichts dafür konnte. Aber von Innsbruck aus ging es mit der Karwendelbahn weiter. Linkerhand sehr viel Blick. Auf Berggipfel. Doch nun war es nicht länger der Blick von unten, vom Tal, sondern der Blick aus einem Zug, der sich unaufhaltsam in die Höhe schraubte. Es war also vornehmlich ein Blick in Abgründe. Das sah auf Postkarten immer sehr pittoresk aus, aber wehe, man saß in einem ruckelnden Zug, der – so fühlte es sich wenigstens an – jeden Moment aus den Gleisen springen und ins Bodenlose stürzen konnte. Für das Gepäck, also zumindest für Kinderwägen und Fahrräder, gab es Gurte – Gurte! Oh, diese Österreicher! –, nicht aber für die Passagiere. Was passierte mit den Fahrgästen, wenn die Bahn kopfüber in die Tiefe sauste? Von wegen, alles aus und vorbei. Das dauerte bestimmt gefühlte Ewigkeiten, bis man völlig zermanscht in verbogenem Metall ganz unten am Inn-Ufer liegenblieb und seinen letzten, qualvollen Röchler tat.

Kurzum, Alfie hatte Höhenangst.

Was man ihm auch ansah.

„Warum setzen Sie sich nicht auf die andere Seite, bergaufwärts? Da sehen Sie nur Bäume und Fels", riet ihm die – natürlich ältere – Dame gegenüber in der Vierersitzecke. Gluckenreflex, war er von alten Frauen ja gewöhnt.

Was Alfie in seinem Zustand nicht erkannte, war, dass sie ihm das nicht aus Selbstlosigkeit riet, sondern weil sie Angst hatte, er könnte ihr – wie ein Lama – auf die sandfarbenen Gesundheitsschuhe spucken. Oder einen Panikanfall bekommen und gemeingefährlich durch den Waggon toben. Es handelte sich also mitnichten um Glucken-Sorge, vielmehr um nackte Angst. Bei Flachlandtouristen wusste man eben nie. „Auf der Bergseite merken Sie gar nicht, dass es nach oben geht", fügte sie noch hinzu.

Alfie war mit sich selbst beschäftigt. Er war hier auf einer Abenteuerreise, das erforderte Heldentum. Selbstverständlich würde er nicht kampflos aufgeben, wer war er denn schließlich? *Bist du ein Mann oder eine Maus?*, herrschte er sich innerlich an, schob den Unterkiefer vor und schluckte die Gallenflüssigkeit hinunter, die sich durch seine Speiseröhre nach oben schieben wollte.

„Danke, es geht mir gut", log er die Frau in den Gesundheitsschuhen frech an.

Die ältere Dame (Judi-Dench-Kurzhaarschnitt, Perlenohrringe) sah ihn nur einen Moment lang ausdruckslos an, dann tauschte sie mit dem eleganten, groß gewachsenen Herrn (Tweed-Sakko, schulterlange Haare, Pianistenfinger) schräg gegenüber einen vielsagenden Blick. Alfie kannte diesen Blick. In seiner Heimatstadt – einer weitgehend erhaltenen, mittelalterlichen Touristenhochburg – tauschten Einheimische diesen Blick, wenn wieder einmal ein Reisebus von außerhalb trotz Warnschildern in den engen Gassen stecken blieb oder Viererketten von auswärtigen Urlaubern knipsend und plaudernd durch die Straßen liefen und den Weg versperrten, obwohl Werktätige zu ihrer Arbeitsstätte oder junge Mütter einkaufen mussten. *Idioten von auswärts* besagte bei ihm zu Hause dieser Blick. Hier hieß der Blick aber wohl *Piefke*.

Trotzig sah er aus dem Panoramafenster. Auf einer allzu schmalen Brücke fuhren sie gerade über eine Schlucht, unter ihnen ein Sturzbach, gesäumt von Bäumen. Zwischen der Bahn und der Schlucht befand sich ein schmales, eisernes Geländer, das im Ernstfall nicht einmal einen Kleinwagen hätte aufhalten können, geschweige denn eine tonnenschwere Gebirgsbahn.

Nicht hinsehen!, befahl er sich, konnte jedoch den Blick nicht von den glitzernden Schaumkronen tief unter ihm abwenden. Vielleicht lebte er ja noch, wenn die Karwendelbahn – zu einer Zieharmonika gefältelt – dort unten aufprallte, nur um dann, hilflos eingequetscht, jämmerlich in den eisigen Gebirgsbachfluten zu ertrinken?

Wieder musste Alfie würgen, dieses Mal drängte nicht nur Gallenflüssigkeit, sondern auch das Frühstücksrührei nach oben. Seine Nasenflügel bebten, er gab ein Keuchen von sich.

Der elegante Herr und die ältere Dame standen abrupt auf und begaben sich in den nächsten Waggon. Nur ein Schulbub blieb in Alfies Nähe sitzen. Er hatte riesige Kopfhörer über den Kinderschädel gestülpt, aus denen man es wummern hörte. Der würde die Brechwelle erst bemerken, wenn er in ihr unterging.

Aber Alfie würde nicht brechen. Er wollte nicht brechen!

Die Ehre gebot, dass er sich weiterhin leise würgend in den Sitz krallte und versuchte, seine Lider über den panisch geweiteten Augäpfeln zu schließen. Ein hoffnungsloses Unterfangen.

Einen echten Mann zeichnet aus, dass er weiß, wann er sich geschlagen geben muss.

Alfie stand auf und setzte sich auf die Bergseite, beugte sich vor, steckte den Kopf zwischen die Knie und atmete. Ein, aus, ein, aus – gleichmäßig und lautstark. Das half gegen Phobie-Schübe jedweder Art, auch wenn es merkwürdig aussah.

Jetzt wurde auch der Schulbub aufmerksam, sah erst Alfie an, schaute sich dann um, merkte, dass er mit dem Verrückten allein war, sprang auf und eilte ebenfalls in den nächsten Waggon.

Man durfte wohl sagen, dass Alfie an jenem trüben Nachmittag zur österreichisch-deutschen Freundschaft nicht wirklich beitrug.

Nächster Halt: Seefeld in Tirol, next stop: Seefeld in Tirol, säuselte die Stimme vom Band.

Gottseidank, lebend am Ziel. Dem Sensenmann erneut von der Schippe gesprungen.

Er richtete sich auf, ignorierte die entsetzten Blicke und das Wispern der Mitreisenden beim Aussteigen und verließ mitsamt seinem Einkaufstrolley den Zug.

Angekommen!

3
Seefeld – Perle Tirols

Seefeld in Tirol, 1200 Meter über dem Meeresspiegel. War hier die Luft nicht schon spürbar dünner?

Alfie atmete tief ein und aus und ein, verschluckte sich an der kalten Luft und hustete sich fast die Lunge aus dem Leib. Wenigstens war der Würgereiz weg. Es gab keine Tiefen mehr, nur Höhen – schneebedeckte Gipfel in der Ferne. Das Karwendelgebirge. Was Alfie nicht wusste und auch nicht aus dem Namen des Zuges, in dem er eben noch gesessen hatte, schloss. Dem Karwendelgebirge war das ohnehin schnurzegal, es wusste ja, wie es hieß, und das reichte ihm.

Alfie zog die Windjacke enger um seine Schultern.

Es war September, aber der goldene Herbst hatte Seefeld an diesem Mittag weiträumig umgangen und amüsierte sich an der Côte d'Azur oder an der Algarve, aber jedenfalls nicht in Tirol. Der Himmel war grau und gelegentlich nieselte es kalt aus ihm heraus, so auch in dem Moment, als Alfie aus dem Zug stieg.

Der Wind blies eisig. Alfie wurde klar, dass seine dünne Windjacke über dem karierten Flanellhemd ihren Namen nur pro forma trug und definitiv nicht ausreichen würde, um ihn auf Dauer warm zu halten und ihn vor dem Wind zu schützen. Er fror ja jetzt schon, nach nicht einmal neunzig Sekunden im Freien.

Idylle ging anders.

Andererseits: Schön war er schon, der erste Blick auf die weißbemützten Gipfel rund um Seefeld und auf das pittoreske Städtchen, das sich rund um den Bahnhof ausbreitete. Der Bahnhof, extra für die olympischen Winterspiele 1976 erbaut, wie auf einem Schild zu lesen stand, hatte allerdings nur bedingt Charme.

Egal, dachte Alfie und ruckelte mit seinem Einkaufs-trolley los, *beurteile nie einen Ort nach seinem Bahnhof. Das war in seiner Heimatstadt nämlich ganz genauso.*

Er marschierte durch die Unterführung, tauchte auf der anderen Seite wieder auf, stieg die wenigen Stufen zur Bahnhofstraße hinunter, überquerte den Zebrastreifen und befand sich damit gewissermaßen schon fast im Ortskern.

Den Ort an sich hatte er sich zugegebenermaßen anders vorgestellt. Mehr so ... keine Ahnung, glamouröser. Nein, *mondäner.* Wie ein Abziehbild aus den fünfziger Jahren des vorigen Jahrhunderts, als die Frauen noch toupierte Haare und Echtpelzmäntel hatten und die Männer Brillantinefrisuren und Zigaretten im Mund-winkel. Nun ja, willkommen in der Realität.

Alfie spazierte durch die Bahnhofstraße, an diversen Boutiquen und am Casino vorbei, zum Dorfplatz mit der Kirche. Doch, doch, sehr knuffig und vor allem sehr gepflegt. An ausnahmslos jedem Balkon befanden sich Blumenkästen, in denen es grünte und blühte. Alfie kannte sich mit der Flora nicht sonderlich gut aus, aber er wusste den Gesamteindruck dennoch zu schätzen. Allerdings froren die Blumen bestimmt auch, ebenso wie er.

An der Ecke, an der Bahnhofstraße, Dorfplatz und Münchner Straße aufeinandertrafen, befand sich das Gebäude mit der Kanzlei Resnik, Rinnerthaler & Suss.

Die, so stand es auf dem Messingschild neben der Tür zu lesen, zwischen 13 und 15 Uhr geschlossen hatte.

Es war 13 Uhr 20.

Eine Weile stand Alfie wie ein begossener Pudel im Nieselregen. Unentschlossen. Unentschlossenheit machte einen ganz großen Teil seiner Persönlichkeit aus. Unentschlossenheit und mangelnde Planung.

Jeder normale Mensch hätte sich telefonisch angemeldet. Was Alfie versäumt hatte. Jeder normale Mensch hätte sich zudem gedacht, dass so eine Testamentsverlesung sicher ihre Zeit dauern würde, und hätte ein Zimmer in einer Pension gemietet.

Aber Alfie hatte nichts geplant und nichts gedacht, er war ja schließlich auf der Flucht. Doch selbst ohne aktivierten Fluchtmodus wäre er bestimmt davon ausgegangen, dass der hofrätliche Anwalt ihm das Testament vorlesen würde – Wie lange konnte das schon dauern? Fünfzehn Minuten? –, und er dann mit den Kontozugangsdaten oder der echt goldenen Büste von Mao Tse-tung oder was immer ihm sein Onkel vermacht hatte einfach in den nächsten Zug steigen und wieder nach Hause fahren konnte. Wo, so es die Schicksalsgöttinen ausnahmsweise gut mit ihm meinten, der gehörnte Schröpp seinen Zorn vergessen hatte. Nun ja, was soll man sagen, Alfie war schlicht gestrickt und glaubte bis zum Beweis des Gegenteils immer irgendwie an das Gute ...

Nachdem seine Windjacke der Dauerbenieselung nachzugeben drohte – sie nässte schon durch –, löste Alfie sich aus seiner Salzsäulenerstarrung, drehte sich um und entdeckte ein Café. Das Café Platzhirsch, um genau zu sein, wo man überdacht und in Decken gehüllt draußen sitzen konnte.

Alfie bestellte eine heiße Schokolade, die auch gleich darauf in einer mit Hirschen verzierten Tasse und mit dicker Sahnehaube sowie mit einem freundlichen „Bitteschön" serviert wurde. Alfie, der noch nie in Österreich gewesen war und darum voll gängiger Vorurteile und halbiertem Halbwissen steckte, hatte erwartet, dass der Kellner mit Schmäh wienern würde, quasi in einer Mischung aus Peter Alexander und

Hans Moser, womöglich halb gesungen und halb ge-
grantelt. Aber der Kellner sprach ganz normal.

Das Schöne an Alfie war jedoch wiederum, dass er
die Gegebenheiten des Lebens rasch akzeptierte und
nicht hinterfragte. Das Leben in Tirol war also keine
Realo-Operette. Auch gut.

Während Alfie die Sahnehaube miniportionsweise
mit dem Kaffeelöffel in seinen Mund schaufelte, hätte
er darüber nachdenken können, was ihm sein Onkel
Matze vererbt haben mochte. Jeder andere hätte das
getan. Alfie war nicht wie jeder andere.

Er beäugte die Touristen, die trotz des suboptima-
len Wetters zuhauf durch den Ort schlenderten. Viele
junge Eltern mit Kinderwagen, mehrere sichtlich ara-
bische Gäste mit verschleierten Frauen und auch viele, ja signifikant viele Pensionäre. Mehr oder weniger
gut zu Fuß, mit und ohne Rollator, von sehr schick bis
zum prolligen Bustouristen aus München, der „Seefeld
an einem Tag" inklusive Mittagstisch (ohne Getränke)
für zehn Euro gebucht hatte. Alfie seufzte. Seine Großmutter hatte diese Busreisen geliebt! Diverse Heiz-
decken und ein 26-teiliges Teeservice mit falschem
Blattgoldbezug legten noch heute Zeugnis davon ab.

Dass die Gesellschaft allmählich überalterte, ließ
sich nun wirklich nicht leugnen. Hier schon gleich gar
nicht.

Eine Stunde später kam der Kellner vorbei und hüs-
telte verhalten. „Darf es noch etwas sein?"

Alfie überdachte seine finanzielle Lage. „Danke, nein ...
äh ... zahlen bitte."

Nachdem er seine Rechnung beglichen hatte, fühlte
Alfie sich bemüßigt, das Café zu verlassen, damit ein
anderer zahlender Gast an seinem Tisch Platz nehmen
konnte.

Gemächlich schlenderte Alfie nach links, vorbei an der Speckstube, der Benediktiner Seifenmanufaktur und dem Pferdedroschkenstand, bis er an eine Kreuzung kam, fand, diese Richtung ausreichend erkundet zu haben, und umdrehte. Er kehrte zurück zum Dorfplatz, dann von dort aus nach links, an diversen Hotels vorbei bis zur Olympiahalle mit integriertem Schwimmbad und Kino. Dann wieder zurück zum Dorfplatz. Ein bisschen wirkte er in seiner spottbilligen, weil vermutlich von chinesischen Kindern mundgeklöppelten Windjacke und dem vollgepackten Einkaufstrolley im Schlepptau wie ein Obdachloser, der für die Nacht ein Dach über dem Kopf suchte. Manch ein Tourist warf ihm einen mitleidigen Blick zu. Hätte Alfie einen Coffee-to-go-Becher in der Hand gehalten, wäre bestimmt mancher Euro darin gelandet.

Unschlüssig verharrte er an der Ecke vor dem Tourismusbüro. Und in diesem Moment, kurz bevor er zu dem Schluss kam, dass es keinen weiteren pulsierenden Kern von Seefeld mehr gab, den er entdecken konnte, nur noch die ferienhausdurchsetzten Randgebiete, schlug die Kirchenglocke 15 Uhr.

Showtime!

4
Matzes letzter Wille

Leichenstille.

Metaphorisch gesprochen. Gewissermaßen aber auch buchstäblich, weil Onkel Matze ja tot war und irgendwo verrottete – und das höchstwahrscheinlich still und leise.

Eine unscheinbare Büromaus hatte Alfie in ein steril wirkendes Arbeitszimmer geführt. Dort saß er nun und wartete.

Und wartete.

„Es kann jetzt nicht mehr lange dauern", vermeldete die graue Büromaus, als sie Alfie einen Kaffee brachte, den er gar nicht bestellt hatte, aber dennoch dankbar annahm. „Sie müssen schon entschuldigen, aber wir wussten ja nicht, dass Sie kommen."

Alfie mochte mausige Frauen. Sehr. Vor denen musste er keine Angst haben. Die hier war so verhuscht, dass er nicht einmal hätte sagen können, welche Haar- oder Augenfarbe sie hatte. Sie verschmolz förmlich mit dem Interieur. Bestimmt total effizient, die Kleine – das waren solche Mäuse immer.

Das hatte er sich vorhin schon gedacht, als sie anhand seines Personalausweises seine Identität bestätigt und ihrem Chef eine hellgraue Mappe auf den Tisch gelegt hatte, auf der „Erbsache Gänswein" stand. Ob Alfie schonmal einen Blick riskieren sollte? Besser nicht, die Bürotür stand offen und Alfie wollte nicht in flagranti ertappt werden.

Alfie blies auf den heißen Kaffee in seiner Gmundner Keramiktasse. Es war schon seine zweite, Rinnerthaler ließ sich Zeit mit dem Zurückkommen von der Mittagspause. Als die erste Tasse leergetrunken war, hatte er sie auf den Kopf gedreht und inspiziert. Deshalb wusste er auch, dass sie aus der Keramikmanufaktur Gmunden stammte. Viel mehr gab es während des Wartens sonst nicht zu tun. Zu Alfies Missvergnügen lagen keine dreißig Jahre alten Reader's Digest Hefte zur Lektüre herum wie im Wartezimmer eines Arztes, nur ein Faltblatt über Seefeld in Tirol mit besonderer Hervorhebung des hiesigen Wildsees für Bade- und sonstige Wasserfreuden.

Außer dem übergroßen Schreibtisch in weiß und dem ergonomisch geformten Schreibtischstuhl, ebenfalls in weiß – nur der Besucherstuhl war dunkelblau, vermutlich damit ihn die Mandanten nicht einsauen konnten –, war das Büro leer. Hinter dem Schreibtisch hing noch eine weiß gerahmte Fotografie, die drei Männer mittleren Alters auf einem Berggipfel zeigte. Resnick, Rinnerthaler und Suss, wie zu vermuten stand. Das Bild hing schief.

Alfie schluckte.

Schief ging gar nicht. Schief trieb ihn in den Wahnsinn. Aber er kannte sich gut genug, um zu wissen, wie der Versuch, die gerahmte Fotografie gerade zu rücken, enden würde. Mit Scherben! Und Rahmensplittern! Und einem nicht mehr zu rettenden Foto – dem wahrscheinlich einzigen seiner Art, weil Resnick und Suss beim Abstieg zu Tode gekommen waren, worauf Rinnerthaler diese letzte Erinnerung an seine Freunde und Kollegen wie eine Reliquie verehrte. Alfie war Grobmotoriker. Daher verbot er es sich streng, Hand an das schiefe Bild zu legen.

Er schlug stattdessen sein rechtes Bein über sein linkes, nahm einen großen Schluck Kaffee und verbrühte sich die Zunge. Er schlug nun sein linkes Bein über sein rechtes, stellte die Tasse auf dem Schreibtisch ab, setzte sich auf seine Hände und wippte vor und zurück, wobei er krampfhaft versuchte, an etwas anderes als das schiefe Bild zu denken. Den Weltfrieden. Das wirtschaftliche Gefälle zwischen armen und reichen Nationen. Schräglagen. Schief hängende Bilder. Verdammt! Zurück auf Anfang. Zwangsstörungen waren für die Betroffenen echt kein Zuckerschlecken.

Und gerade, als Alfie dachte, es keine Sekunde länger aushalten zu können, stürmte ein schmales Männchen im Dreiteiler herein, mindestens ebenso verhuscht wie die Anwaltsgehilfin.

Alfie sprang auf.

„Tut mir unendlich leid, Herr ...", fing das Männchen an. Es kam nicht oft vor, dass andere Männer noch kleiner und schmächtiger waren als Alfie. Der fühlte sich nun auf einen Schlag groß und bedeutend.

„Gänswein", raunte die Büromaus und drückte ihrem Chef eine weitere hellgraue Mappe in die Hand. „Todessache Gänswein." Alfie stutzte. Wie war sein Onkel denn zu Tode gekommen, wenn es dazu eine eigene Akte gab?

Sofort setzte Rinnerthaler eine Betroffenheitsmiene auf. „Natürlich ... Gänswein ... Mein Beileid, Herr Gänswein, zu ihrem Verlust."

„Danke, aber ich kannte meinen Onkel ja kaum", erwiderte Alfie und gelangte zu dem Schluss, dass keiner der Gipfelstürmer auf dem schief hängenden Foto Anwalt Rinnerthaler war. Die Männer auf dem Foto wirkten kernig, markig, männlich. Rinnerthaler war nicht einmal ein Bürohengst, allenfalls ein Bürowallach.

„Wäre das dann alles ...?", erkundigte sich die Büromaus. Alfie hätte schwören können, dass sie eine Perücke trug. Da lugte doch eine andersfarbige Haarsträhne hervor? Oder trug man das jetzt so?

„Ja, danke, Frau Irschtaler." Rinnerthaler schloss die Tür. „Meine Sekretärin hat heute früher frei. Alleinerziehende Mütter. Schwierig. Aber wem sage ich das?"

Keine Ahnung, dachte Alfie, der weder eine alleinerziehende Mutter war noch eine in seinen Diensten stehen hatte. Und dem auch nicht klar war, ob Rinnerthaler mit *schwierig* die Lebenssituation der Alleinerziehenden meinte oder die Beschäftigung derselben.

Rinnerthaler öffnete das Fenster. „Das macht Ihnen doch nichts aus, oder? Ich bin ein großer Verfechter von Frischluft!", sagte er, setzte sich und schlug die Mappe auf, die ihm seine Sekretärin gegeben hatte.

Alfie setzte sich ebenfalls wieder. Er persönlich fand ja, dass da keine Frischluft durch das geöffnete Fenster strömte, sondern Eisluft, die ihn zweifelsohne binnen Kurzem schockgefrieren würde, aber Alfie war keiner, der Widerworte gab. Nie.

Es verstrichen einige Minuten, in denen Rinnerthaler sich offenbar mit dem Fall vertraut machte. Er starrte intensiv auf ein Schriftstück – oder war mit offenen Augen eingeschlafen, das konnte Alfie nicht so recht ausmachen. Jedenfalls wurde er dann doch irgendwann ungeduldig.

„Tja ...", sagte Alfie auffordernd, weil er das Gefühl hatte, dass ihm langsam Eiszapfen aus der Nase wuchsen. „Äh ..."

Nichts.

„Ich bin also Alleinerbe meines Onkels", fuhr Alfie – für seine Verhältnisse nachgerade tollkühn – fort.

Konnte man im Sitzen und mit offenen Augen einem Herzinfarkt erliegen? Ob er den Anwalt mit dem Montblanc-Füllfederhalter, der ihm aus der Jackentasche lugte, anstupsen sollte?

Unentschlossenheit, dein Name ist Alfie.

„Klopf, klopf", rief es plötzlich draußen vor der Tür, die im Bruchteil einer Sekunde später aufgestoßen wurde. „Bin ich zu spät? Das tut mir leid!"

Jeff Bridges im dicken, schwarzen Rollkragenpulli trat ein und ließ sich schwer auf den zweiten Besucherstuhl fallen.

Alfies Unterkiefer klappte nach unten.

Wirklich, eine verblüffende Ähnlichkeit. *The Big Lebowski, R.I.P.D., True Grit* – das war entweder der Schauspieler, komplett mit Ziegenbärtchen und langen, grauen Haaren und relaxtem Grinsen – oder ein verdammt ähnlicher Doppelgänger.

„Ah, dann sind wir jetzt ja vollzählig anwesend", sagte Rinnerthaler. Irrte Alfie oder traute der Anwalt sich nicht, dem Neuankömmling in die Augen zu schauen? Im Gegensatz zu Rinnerthaler, der von einer wabernden Wolke Herrenparfüm umgeben war, die locker drei von seiner Größe hätten beduften können (die Duftwolke wächst umgekehrt proportional zur Größe des Mannes), roch Jeff Bridges nur frisch nach Seife.

„Herr Gänswein, das ist Jonathan Peters, ein sehr guter Freund Ihres verstorbenen Onkels. Herr Peters, Alfred Gänswein."

„Freut mich sehr." Alfie war immer noch völlig fasziniert von diesem Virilität ausstrahlenden Bridges-Klon und streckte seine Hand zur Begrüßung aus. „Bitte nennen Sie mich Alfie."

„Jungelchen", sagte Jeff Bridges nur und nickte lässig.

Alfies Hand hing unschlüssig in der Luft.

Jeff verschränkte die Arme.

Das war dann auch für Alfie deutlich genug. Er zog seine Hand wieder zurück. Vielleicht las Jeff Bridges ihm vom Gesicht ab, dass er ihn innerlich Jeff Bridges nannte? Seinen richtigen Namen hatte Alfie schon längst vergessen. Kein Wunder, bei dieser eklatanten Ähnlichkeit mit dem amerikanischen Schauspieler – bis hin zu den Lachfalten um die blauen Augen. Und was Filmschauspieler anging, kannte Alfie sich aus. Wer ein ereignisloses Leben führt, wird leicht süchtig nach den Abenteuern der Leinwand.

„Herr Gänswein?", rief der Anwalt. Seinem Tonfall nach rief er es nicht zum ersten Mal, aber Alfie war ganz im Anblick von ... äh ... Dings ... irgendwas mit J ... Jeff Bridges aufgegangen.

„Ja?" Alfie riss sich zusammen.

„Wenn wir dann zur Testamentsverlesung schreiten könnten?"

„Ja." Alfie setzte sich ordentlich auf seinen Stuhl, aufrecht und mit im Schoß gefalteten Händen.

„Wie Sie bereits wissen, sind Sie der alleinige Erbe von Matthias Gänswein, Ihrem Onkel ..."

Alleinig.

Alfies Augen wanderten demonstrativ nach links zu Jeff Bridges.

Der Anwalt konnte nicht anders, als seinem Blick zu folgen. Er verstummte.

Alfies Augen wanderten zum Anwalt, dann erneut zu Jeff Bridges. Der Anwalt folgte seinem Blick hin und her, und wenn Alfie das noch ein paar Mal machte, würde Rinnerthaler zweifelsfrei in Hypnosetrance fallen.

„Ich glaube, das Jungelchen fragt sich, was ich hier mache, wo er doch der Alleinerbe ist", warf Jeff Bridges hilfreich ein – und zwar vollkommen ohne Akzent, was darauf schließen ließ, dass er weder ein Eingeborener noch der amerikanische Schauspieler war, sondern einfach ein verblüffend ähnlicher Doppelgänger von ... irgendwoher.

„Jungelchen", fuhr er fort, „keine Sorge, du kriegst alles. Ich bin nur hier, weil sich von nun an unsere Lebenswege untrennbar miteinander verwoben haben."

„Immer vorausgesetzt, dass Herr Gänswein sein Erbe auch antritt", wandte Anwalt Rinnerthaler ein.

So langsam war für Alfie die Zeit gekommen, sich zu fragen, was er denn geerbt haben mochte. Gleichzeitig plagte ihn ein Zipfelchen schlechtes Gewissen. Wog Freundschaft nicht schwerer als Blutsverwandtschaft?

„Wenn Sie ein sehr guter Freund meines Onkels sind ... waren, dann haben Sie doch sicher erwartet, auch etwas vom Erbe abzubekommen?", fragte Alfie stockend. Würde Jeff Bridges das Testament anfechten?

„Jungelchen, kann man der Freundschaft einen Wert beimessen? Und wenn ja, wie hoch ist der?" Jeff Bridges schüttelte den Kopf. Er klopfte sich schwer auf den Brustkasten. „Mir reicht die Erinnerung, hier drin."

Alfie kam zu dem Schluss, dass sein Onkel auf seine alten Tage schwul geworden sein musste – Jeff Bridges war sein langjähriger Lebenspartner und hatte nun nur den einen Wunsch, dass Alfie ihm die mehrfach geflickte Tiffany-Lampe überließ, die Matze und er bei ihrer ersten gemeinsamen Reise zur Christopher-Street-Day-Parade in New York erstanden hatten. Oder den rosaroten Wackeldackel mit dem Diamanthalsband aus ihrem Schlafzimmer. Oder ein ähnlich emotionales Erinnerungsstück von mehr oder weniger großem Wert.

Alfie würde sich großzügig erweisen. In Maßen, verstand sich – den Dackel konnte Jeff Bridges haben, das Diamanthalsband natürlich nicht.

„Ich bin sicher, alles wird gut. Am Ende wird alles gut – und wenn es nicht gut ist, ist es nicht das Ende", sagte Alfie. Auf Plattitüden verstand er sich. Weil er

nämlich seit seinem fünfzehnten Lebensjahr Abreiß-
kalender mit Aphorismen und Zitaten sammelte.

„Dann bin ich so frei und verlese jetzt den letzten
Willen des Verstorbenen." Rinnerthaler räusperte sich.

Die Kirchturmuhr schlug vier Mal. Draußen wurde
es aufgrund der Nieselwetterlage schon dämmrig.

Testament und letzter Wille
von Matthias Gänswein

Alfred, mein lieber Neffe,

*wenn dieses Schriftstück zu Deiner Kenntnis ge-
langt, bin ich tot. Wirklich schade, dass wir uns
nie richtig kennengelernt haben. Aber ich hab's
nicht so mit Kindern. Dennoch bist Du der Sproß
meiner süßen kleinen Schwester, und mithin der
Einzige, dem ich es gönne, meine sauer verdien-
ten Groschen zu verjubeln. Meinen Lenden soll ja
der eine und vielleicht sogar der andere Bastard
entsprungen sein, aber falls das stimmt, waren
es Unfälle, die zählen nicht. Kurzum, Du bist ein
echter Gänswein und sollst mein Alleinerbe sein.
Du kriegst mein ganzes Hab und Gut, tutti kom-
pletti, alles. Mach das Beste draus. Lebe wild und
leidenschaftlich!*

Dein Onkel Matze

Es bezeugen dieses Testament:
Julius Rinnerthaler, Anwalt
Jonathan Peters, Consultant

Anwalt Rinnerthaler legte das Blatt Papier auf die Schreibtischplatte, strich mit seinem Unterarm glättend darüber und sah zu Alfie auf. „Damit wäre wohl alles geklärt."

Alfie schürzte die Lippen. Er hatte Bombastisches erwartet, nicht diese paar Zeilen, die höchstens davon zeugten, dass sein Onkel ein Rabenvater war. Gut, seinem Neffen – also ihm – gegenüber hatte er sich großzügig gezeigt, aber der Romantiker in Alfie hatte auf etwas Emotionaleres gehofft. Auf zu Herzen gehende Ergüsse eines Mannes, der allein und einsam gestorben war …

… woran war er eigentlich gestorben? So sehr alt war Onkel Matze ja noch gar nicht gewesen. Krebs?

„Äh … ich hätte da schon noch die eine oder andere Frage", warf Alfie ein.

Rinnerthaler sah auf seine Uhr. „Wir gehen dann aber in die zweite Stunde. Es gibt feste Honorarsätze, ich kann Ihnen da leider nicht entgegenkommen."

„Schon gut, den Rest klären wir auf dem Weg zu Alfies Erbe. Ich hab die Sache im Griff." Jeff Bridges stand auf, packte Alfie am karierten Hemdsärmel und zog ihn mühelos auf die Beine.

„Schön, das kommt mir entgegen." Rinnerthaler strahlte. „Wir haben heute Training für das internationale Altherren-Fußballturnier nächste Woche. Ich steh im Tor."

„Wie schön", freute sich Jeff Bridges mit ihm, wiewohl Alfie Zweifel an der Aufrichtigkeit dieser Freude hegte, weil Bridges schon halb aus dem Büro war.

„Ich schicke Ihnen dann alle amtlichen Unterlagen zu, Herr Gänswein", rief Rinnerthaler Alfie noch hinterher, als der vom Freund seines toten Onkels durchs Vorzimmer gezogen wurde.

„Mein Trolley!", rief Alfie und entzog sich dem Griff von Jeff Bridges.

Er hastete in das Anwaltsbüro zurück und schnappte sich seinen Einkaufstrolley.

„Was ich noch fragen wollte ...", begann Alfie, „... woran ist mein Onkel denn gestorben?"

„Das weiß keiner", sagte Rinnerthaler, während er ein Blatt Papier abstempelte und signierte.

„Wie? Das weiß keiner?" Alfie stutzte.

Rinnerthaler sah auf. „Ihr Onkel ist vor sieben Jahren spurlos verschwunden – im Berg geblieben, nimmt man an. Er wurde letzte Woche offiziell für tot erklärt, woraufhin wir Sie unverzüglich kontaktierten."

Alfie stand wie erstarrt. Sein Onkel war vor sieben Jahren jämmerlich im Gebirge zu Tode gekommen, und er – sein Fleisch und Blut – hatte nichts gespürt. Nicht, dass er noch wusste, was er vor exakt sieben Jahren gemacht hatte, aber einen kalten Hauch als letzten Onkelgruß aus dem Jenseits hatte er nicht verspürt, daran hätte er sich erinnert.

„JUNGELCHEN!", donnerte Jeff Bridges aus dem Flur.

„Wiedersehen!", rief Alfie, der generell gut auf Zurufe abgerichtet war, rasch, drehte sich abrupt um und lief durch das Vorzimmer ins Treppenhaus ...

... und bekam deshalb nicht mit, wie quasi im Moment seines Umdrehens durch das geöffnete Fenster ein leises „Plopp" ertönte, und Rinnerthaler von seinem ergonomischen Drehstuhl zu Boden rutschte.

Vor der Haustür holte Alfie Jeff Bridges ein. Der schritt kraftvoll aus – wie ein Mann, der weiß, wohin er will.

Alfie hoppelte hinterher, versuchte, im Gehen in seine Windjacke zu schlüpfen und gleichzeitig den Einkaufstrolley hinter sich herzuziehen, der ziemlich holpernd rollte. Multitasking – auch keine von Alfies Stärken. Glücklicherweise hatte es aufgehört zu nieseln und war nur noch kalt.

Sie kamen wieder an der Speckstube, der Seifenmanufaktur und dem Droschkenkutscherstandplatz vorbei und gelangten an die Kreuzung. Jeff Bridges überquerte die Straße und hielt sich dann rechts.

Alfie schnaufte ziemlich, weil er zwar bestimmt gut und gerne dreißig Jahre jünger als Bridges war, aber keinen Sport betrieb. Nicht einmal ansatzweise. Selbst zu seiner Wohnung im ersten Stock fuhr er immer mit dem Aufzug. Dass er so schmächtig und hager war, lag allein an seinen Genen.

„Was …" Schnauf, schnauf. „Was habe ich …" Schnauf. „Was habe ich denn eigentlich geerbt?", rief er dem breiten Rücken von Jeff Bridges zu. Der bog nach links, wo Alfie nun einen See im Dämmerlicht glitzern sah.

„Es gibt, wenn man so will, vier weiße Schlösser in Seefeld", sagte Jefff Bridges. „Das Hotel Weißes Schlössl, das Klosterhotel und den Casino-Turm. Und das Waldschlössl in Eins-a-Seeuferlage, das von nun an dir gehört."

Whoa, dachte Alfie, *ich habe ein Schloss geerbt!*

Er geriet ins Tagträumen. *Schlossherr! Alfie der Erste!*

„Dein Onkel und ich haben aus dem Schloss eine Pension gemacht."

„Ein Schlosshotel." Alfie seufzte – zwischen den Schnaufern – wohlig. Seine Ohren hörten nur, was sein Gehirn hören wollte, nicht wirklich das, was Jeff Bridges über die Lippen kam. Er sah auf die andere Seeseite, wo in den Häusern allmählich die Lichter entzündet wurden, was allem eine Aura der Heimeligkeit verlieh. Ein echter Postkartenblick. Norman Rockwell oder Thomas Kinkade hätten das nicht besser malen können.

Ein Schlosshotel in bester Lage in einem der bekanntesten Urlaubsorte Tirols. Alfie betrachtete sich als gemachten Mann.

„Da sind wir! Hier wartet deine neue Aufgabe auf Dich!", verkündete Jeff Bridges kurz darauf und zeigte auf ein windschiefes Gatter, das rechter Hand zu einem hanglagigen, dicht bewaldeten Grundstück führte. Irgendwo weit oben am Hang, zwischen all den üppigen Nadelbäumen und im Dämmerlicht kaum auszumachen, stand ein weißes Gebäude, das ein kleines Schloss sein mochte oder eine große Scheune.

„Das ist es. Da bist du sprachlos, was?" Jeff Bridges strahlte.

Eins-a-Seelage war korrekt. Hinter Alfie quakten Stockenten und Blesshühner. So weit, so gut.

Vor ihm jedoch ächzte das altersschwache Holzgatter, das selbst der muskulöse Jeff nur mit Mühe aufwuchten konnte. Der muskellose Alfie würde das nie und nimmer schaffen, folglich sah er sich schon über das Gatter klettern, wann immer er allein sein Grundstück verlassen wollte.

Hinter der Pforte zog sich ein schmaler, nicht befestigter Schlammpfad zwischen den Nadelbäumen hindurch zum ... Gebäude. Alfie mochte nicht länger von einem Schloss sprechen. Man musste Ross und Reiter beim Namen nennen.

Jeff Bridges nahm Alfie den Einkaufstrolley ab und schulterte ihn. Dann lief er voraus, leichtfüßig wie eine Gämse, während Alfie auf der kurzen Strecke sein Lungenvolumen vollends ausschöpfte. Er schnaufte nicht mehr nur, er rasselte.

Und dann stand er vor seinem ... Gebäude.

Tja.

Gut, es war relativ groß und hatte zur Seeseite zwei Türmchen, aber Schloss ging anders. Weiß auch. Es war auch nicht direkt schmutzigweiß oder grau. Mehr so wie eine *Ado*-Gardine mit Goldrand, in die sich der Gilb eingenistet hatte.

Die vielen Blumenkästen mit üppig blühenden, bunten Geranien, die ihm beim Gang durch Seefeld aufgefallen waren, fehlten hier gänzlich. Hier war gar nichts bunt, wenn man von den zerfledderten, ausgebleichten tibetischen Gebetsfahnen absah, die aus dem obersten Fenster im linken Turm hingen – dem Zustand des Hauses nach zu schließen scheinbar unerhört von höheren Mächten.

Sämtliche Fensterscheiben schrien förmlich danach, endlich wieder einmal mit einem seifigen Wischlappen in Kontakt zu kommen. Auf dem Dach fehlten ein paar Schindeln. Neben gähnenden Löchern, in die es hineinregnete, gab es notdürftig mit Plastikfolie abgedeckte Ritzen, in die bestimmt ebenfalls Regentropfen rannen, Tränen des Himmels.

Auch Alfie hätte am liebsten geweint.

Seine kurzzeitig gehegten Zukunftshoffnungen winkten ihm ein letztes Mal zu und verabschiedeten sich dann mit einem leisen Servus. Für dieses baufällige Gemäuer konnte man doch keine Gäste gewinnen! Nirgends. Und schon gar nicht in einem Ort, an dem es vor schmucken Pensionen, schicken Hotels und gemütlichen Ferienhäusern nur so wimmelte.

Alfie blickte den schmalen Trampelpfad hinunter, den sie vom See hochgeschritten waren. „Da kommen die Gäste mit ihren Koffern doch gar nicht hoch", staunte er. Schon Alfie war, sogar ohne Einkaufstrolley, hoffnungslos im Schlamm versackt.

„Wo ein Wille ist, ist auch ein Weg", gab Jeff Bridges, der zwar alt war, aber kein bisschen außer Puste, zurück. „Die kommen ja nur an, bei der Abreise werden sie getragen."

„Bei der Abreise werden sie getragen? Auf Händen?" Alfie fielen spontan seine heiß geliebten Toga- und Sandalen-Historienfilme ein. Er sah Sitzsänften im alten Rom vor sich und nubische Sklaven, die sie trugen. Moment mal, sollte das künftig seine Aufgabe sein? Nubischer Sklave? „Die werden bei der Abreise getragen? Von mir?"

Jeff Bridges schüttelte mitleidig den Kopf. „Die gute Fee, die bei deiner Geburt die Intelligenz verteilen sollte, war offensichtlich stattdessen Schuhe shoppen, oder? Nein, die werden nicht von uns getragen, sondern von dem Bestatter, der gerade Dienst hat. Aus Telfs, Zirl oder Inzing."

„Bestatter?" Alfie verstand nur Bahnhof.

„Sie verlassen uns mit den Füßen voran", lieferte Jeff Bridges einen weiteren Hinweis, als würden sie eine Scharade spielen.

„Im Liegen?" Alfies Augenbrauen schossen nach oben. Er hatte einmal in einem Landgasthof gekellnert und kannte den Jargon. Die Hotelbranche hatte einen Ausdruck für diese Art von Horizontalabreise: *kalter Auszug.* „Die Gäste reisen im Sarg ab?" Aber das kam doch sicherlich nur in ganz, ganz seltenen Fällen vor? Alle Jubeljahre?

Jeff Bridges nickte bedächtig.

Alfie sah ihn mit großen Augen an. „Hier sterben Gäste?", flüsterte er mit derselben Stimme wie der klei-

ne Junge in *The Sixth Sense*, der zu Bruce Willis sagt:
Ich sehe tote Menschen.

„Man kann nur hoffen, dass sie gestorben sind und
nicht lebendig im Sarg liegen", scherzte Jeff Bridges
und lächelte breit. „Nur die Ruhe, Jungelchen, das hat
schon alles seine Richtigkeit. Hier kommt man bewusst
her um zu sterben. Wir sind gewissermaßen ein Ele-
fantenfriedhof." Er klang stolz.

Alfie schluckte. „Ein Sterbehotel?"

„Na ja, die meisten Leute würden es Seniorenresidenz nennen, aber von mir aus, nenn es ruhig Sterbehotel." Er strich sich mit der Hand über den grauen
Ziegenbart. „Vielleicht nicht gerade vor den Gästen."

„Ein Hospiz?" Alfie war nachgerade entsetzt.

„Großer Gott, Jungelchen, nein, wir haben hier keine
Pflegefälle. Wir sind auch kein Sanatorium. Es ist ein-
fach ein Ort, an dem ältere Herrschaften in Ruhe den
Sonnenuntergang ihres Lebens genießen wollen."

„Ich habe ein Altersheim geerbt?" Kaltes Grauen
griff mit klammer Hand nach Alfies Herz. Schreckli-
che Visionen von Inkontinenzpfützen, Gebissputzbe-
chern und zündelnden Alzheimergreisen bemächtig-
ten sich seiner. „Nein!" Letzteres sprach er nicht aus,
es formte sich wie ein stummer Schrei in seinem Mund.

„Jetzt mal keine Panik. Wir sind eine erstklassige
Adresse für ältere Menschen, die das Besondere schätzen. Und jetzt rein mit dir. Du verträgst offenbar die fri-
sche Bergluft nicht. Bist ja schon ganz grün im Gesicht."

Damit marschierte Jeff Bridges durch die Eingangstür, von der großflächig die blaue Farbe abblätterte.

Alfies Seifenblase zerplatzte mit einem lautlosen
Plopp. Ein Plopp, das dem in Rinnerthalers Kanzleibüro
ganz ähnlich war – aber davon hatte Alfie ja nichts
mitbekommen.

„Worauf wartest du, Jungelchen?", rief Jeff ihm aus dem Hausflur zu. „Die anderen machen sich vor Ungeduld sicher schon in ihre Seniorenwindeln!"

„In die ... was?"

Jeff Bridges verschwand im dunklen Schlund des Hauses. Man hörte nur noch ein Kichern. Ein irres Kichern, wie aus der Feder von Stephen King.

Wo bin ich hier gelandet?, fragte sich Alfie.

Er drehte sich noch einmal um, schaute auf den See und die gegenüberliegende Seite, von wo ihn das schnuckelige Hotel Seespitz förmlich anzulachen schien. Oder lachte es ihn aus?

Mit hängenden Schultern tat er den ersten Schritt in sein neues Leben.

5
Das Panoptikum des Grauens

„Willkommen, bienvenu, welcome!", rief Mireille Mathieu und schleuderte Kusshände in alle vier Ecken des überheizten Aufenthaltsraumes.

Alfie starrte die Mathieu aus großen Augen an. Also, auch hier vermutlich nicht die echte, aber eine verblüffend ähnliche Kopie. Mit exakt derselben schwarzen Prinz-Eisenherz-Frisur. Nur, dass sie Asiatin war. Will heißen: Mandelaugen und einen olivfarbenen Teint hatte. Mit ihren überlangen, blutrot bemalten Fingernägeln krallte sie sich in Alfies Oberarme und küsste ihn auf beide Wangen. „Wie schön, endlich wieder Frischfleisch im Haus!"

Alfie schluckte. Was ihm schwerfiel, denn seine Mundhöhle war wie ausgedörrt.

„Lass ihn, du machst ihn ja ganz verlegen." Ein glatzköpfiger, alter Haudegen trat auf ihn zu, in Militärhosen und Springerstiefeln – und mit Augenklappe. Mosche Dajan! Mit seiner sehnigen Rechten schnipste er Mireilles Krallenhand von Alfies Arm und klopfte dann Alfie so hammerhart auf die Schulter, dass dieser in die Knie ging.

Wo war er hier gelandet? Im Auffanglager für die ausgemusterten Wachsfiguren der Madame Tussaud? Die ein irrer Doktor Frankenstein mit Hilfe von Blitzen zum Leben erweckt hatte?

Alfie trat einen Schritt zurück. Wussten junge Menschen überhaupt noch, wer die französische Schlagermaus Mireille und der israelische Politiker waren? Oder hatte er als Kind einfach zu viel Zeit mit seiner Oma vor der Glotze verbracht? Jedenfalls bekam er es langsam mit der Angst zu tun.

Und immer, wenn man denkt, dass es unmöglich noch schlimmer kommen kann, kommt es noch schlimmer.

„Ich hoffe ja sehr, dass sich unter dem neuen Management nichts ändert. Ich verabscheue Veränderungen. Die Leute sagen stets, es sei gut, wenn sich etwas ändert, aber es wird nie besser, nur anders."

Die strenge Stimme mit dem aristokratischen Timbre kam aus der hinteren rechten Ecke des Raumes. Da im Haus offenbar an Glühbirnen gespart wurde, sah Alfie erstmal nur einen dunklen Umriss. Langsam gewöhnten sich seine Augen an das Dämmerlicht und er machte einen ausgefegten Kamin sowie zwei ausladende, schwarze Lederfauteuils aus, die auch schon bessere Tage gesehen hatten. In einem der Sessel thronte eine royale Gestalt mit hochgesteckten, eisengrauen Haaren und vier Reihen fetter Perlen um den faltigen Truthahnhals, über die sich diverse Doppelkinne stülpten, obwohl die alte Dame an sich eher hager schien. Sie war definitiv ein Unikat, aber ein Unikat, das Alfie sehr stark an Maggie Smith als Herzoginwitwe in *Downton Abbey* erinnerte. Nicht zuletzt wegen des abschätzigen Tonfalls und der Sticheleien, die sie wie aus einer Flak abschoss.

Alfie blieb sprachlos.

„Na, Jungelchen, wie gefällt es dir in unserem Panoptikum des Grauens?" Jeff Bridges lachte herzhaft, sein perfektes Gebiss mit den supergebleichten Zähnen schien den ganzen Raum zu erhellen.

„Äh … sehr schön", log Alfie und zwang sich ein Lächeln ins Gesicht.

Zackig rasselte Jeff Bridges ein paar Namen herunter, die aber links in Alfies Kopf ein- und im selben Moment rechts wieder austraten. Mosche, Mireille und die Herzoginwitwe. Das war's für ihn. Manchmal waren Eselsbrücken eben stärker als die Realität. Und er würde sich ihre Namen schon deshalb nicht merken, weil er so schnell wie möglich von hier weg wollte.

„Wir lassen ihn jetzt am besten erstmal ‚ankommen‘. War alles ein bisschen viel für ihn. Die jungen Leute von heute sind ja nichts mehr gewöhnt. Zum Abendessen treffen wir uns dann wieder." Jeff Bridges schob Alfie in den Flur und eine knarzende Treppe hinauf.

Alfies Zimmer im zweiten Obergeschoss war klein, aber dafür dunkel. Das vorherrschende Material war Kiefernholz. Ein wenig vermittelte der Raum den Eindruck eines überdimensionierten Kiefernsarges. Das passte gut, denn Alfie hatte das deutliche Gefühl, sich einsargen zu können.

Diese Bruchbude taugte nicht zum Verkauf. Er wunderte sich, dass sie nicht schon längst von offizieller Seite geschlossen worden war. Seine Verwunderung gründete nicht auf den ungeputzten Fenstern, dem maroden Dach oder den fehlenden Geranien – wiewohl letztere das Niveau des gesamten Ortes drastisch senkten und er eigentlich erwartet hätte, dass die Dorfgemeinschaft mit Gewalt eine floristische Ausgestaltung der Außenfassade durchsetzte. Nein, seine Bedenken erwuchsen vornehmlich aus der Tatsache, dass sie auf dem Weg durch das Haus einer Ratte begegnet waren.

„In Matzes altem Zimmer wohne schon seit Jahren ich, aber das hier ist ohnehin viel größer. Pack erstmal aus und mach dich frisch. Du findest mich dann unten in der Küche." Jeff Bridges nickte Alfie wohlwollend zu. „Ich sehe schon, das setzt dir ziemlich zu. Aber das ist nur die Überwältigung des ersten Eindrucks. Schlaf eine Nacht drüber – und die Welt sieht wieder rosig

aus, versprochen! Nachher gibt es einen Schlummer-
trunk, der hilft ebenfalls." Dann ging er.

Alfie sah sich um. Wenn er aus dem Fenster sah,
blickte er direkt auf einen Nadelbaum, der eine Aussicht
– außer auf Nadeln – nachhaltig unmöglich machte.
Das Fenster ging allerdings ohnehin nicht zur Seeseite
hinaus, sondern zum Nachbarhaus, das etwas versetzt
weiter unterhalb am Hang lag und dessen Stufen an-
scheinend mit römischen Amphoren geschmückt waren.
Verrückte Welt. Hier war alles, wirklich alles verrückt.

Als Alfie sich schwer auf das Bett plumpsen ließ,
stob eine Staubwolke hoch. Alfie seufzte. Es roch nach
Mottenkugeln. Und alten Menschen. Nein, das war kein
Geburtsjahrgangsrassismus. Alte Menschen rochen
nun einmal nach kaltem Rauch und Lavendelwasser
und abgelaufenen Haltbarkeitsdaten. Das war ein Fakt
des Lebens. Alfies Mutter war sehr früh gestorben, und
er war bei seiner Großmutter und ihrem wöchentli-
chem Skatclub aufgewachsen. Mit alten Leuten kannte
er sich aus.

Sein Kopf pochte. Es war wie ein Kater ohne Alkohol. Fast noch schlimmer als mit.

Ihm gehörte jetzt eine Pension voller Greise. Als er
am Vormittag mit dem Zug Innsbruck erreicht hatte,
war ihm auf der rechten Seite ein wuchtiges Gebäude mit einer Inschrift aufgefallen: Kaiser Franz Josef
Jubiläums Greisenasyl – der Stadt Innsbruck gestiftet
von einem Patrioten. Das hier war definitiv die Außen-
stelle des Asyls.

Dennoch hatte es keinen Zweck. Zurück konnte er
vorerst nicht, wie ihm nach kurzem Grübeln klar wurde. Einer wie Schröpp vergab und vergaß nicht. Im
Gegenteil, Schröpp würde ihn vermutlich grün und

blau prügeln und ihn ganz bestimmt feuern. Ersparnisse hatte Alfie aber nicht, abgesehen von den wenigen, kostbaren Scheinen im Ukulele-Instrumentenkasten. Nein, er musste erst einmal hier bleiben und das Beste daraus machen.

Da sein Zimmer kein angeschlossenes Badezimmer hatte, dafür aber ein Waschbecken zwischen Kleiderschrank und Tür, spritzte er sich dort kaltes Wasser ins Gesicht, trocknete sich an der geblümten Bettwäsche ab, weil es kein Handtuch gab, drückte die schmalen Schultern nach hinten, holte tief Luft, seufzte, holte nochmals tief Luft und ging wieder nach unten.

Die Küche nahm fast das gesamte Erdgeschoss ein. Zur Seeseite hin lag jener Salon-Schrägstrich-Aufenthaltsraum mit Panoramafenster, in dem ihn die Alten vorhin empfangen hatten, der Rest war Küche. Sicher keine Küche, wie man sie sich in einem Hotel – und sei es noch so bescheiden – vorstellte. Es war sichtlich eine Wohn-Ess-Küche, die – ebenso offensichtlich – nicht regelmäßig Besuch von Hygienefachkräften erhielt. Auf der Arbeitsfläche der Küchentheke standen mehrere Tüten mit Apotheken-Logo. Zweifelsohne benötigten die Alten täglich kiloweise Pillen und Pülverchen, um den Motor am Laufen zu halten.

Am Esstisch hatte seine nigelnagelneue, höchst private Sammlung von skurrilen Senioren bereits Platz genommen. Nur Mosche Dajan fehlte.

„Für mich bitte Tee. Darjeeling. Erste Pflückung. Mit Milch. Warmer Milch!", rief die Herzoginwitwe, kaum dass Alfie einen Fuß in die Küche gesetzt hatte.

„Wie bitte?" Alfie sah über seine Schulter nach hinten, als ob sich dort wie durch Zauberhand eine Küchenfee materialisiert hätte.

„Oh bitte, heute ist ein Abend zum Feiern. Wir haben einen neuen Gastgeber. Lasst uns Champagner trinken!", flötete Mireille Mathieu.

„Von schlechtem Champagner bekomme ich Blähungen", erklärte die Herzoginwitwe mit einer gewissen Finalität. Als ob Prickelwasser grundsätzlich und für alle Betroffenen die Gefahr erhöhten Methangas-Ausstoßes in sich barg und folglich in dieser Küche verboten sein sollte.

„Hier muss irgendwo noch eine Flasche Weißwein sein." Jeff Bridges öffnete einen der drei riesigen Kühlschränke.

Wie viele Vorräte horteten die Alten hier nur? Erwarteten sie das drohende Weltende und wollten sich in ihren letzten Minuten noch gut versorgt wissen? Aber im Grunde war Alfie das von seiner Großmutter gewöhnt – exzessive Vorratshaltung war erwiesenermaßen der psychologische Folgeschaden einer Hungerkindheit in den Nachkriegsjahren.

Wobei … stellte diese winzige Gruppe an Greisen wirklich schon die komplette Belegung der Seniorenresidenz dar? Das brachte doch nie und nimmer genügend Gewinn ein.

„Hier, wusst ich's doch, sogar ein Châteauneuf-du-Pape." Jeff Bridges zog eine Flasche heraus, die ziemlich altertümlich aussah, wenn auch nicht gerade voller Spinnweben. Außerdem war sie bereits entkorkt. Er schnüffelte hinein.

Mireille warf einen Blick auf das Etikett und schnaubte. „Herrje, ein furchtbarer Jahrgang." Sie wandte sich mit affektiertem Grausen ab, streckte Jeff aber ihre Keramiktasse entgegen.

„Die Gläser sind im Schrank da rechts, Jungelchen", sagte Jeff zu Alfie. Der nahm aus dem Sammelsurium an Gläsern fünf Humpen und stellte sie auf den Esstisch. Wenn man den Aufklebern glauben durfte, waren sie alle aus diversen Brauhäusern und gastronomischen Betrieben entwendet worden. Andere Gläser gab es nicht.

„Oder kommt sonst noch wer?", erkundigte sich Alfie betont beiläufig. „Wer wohnt außer Ihnen noch hier im Haus?"

„Wir sind hier alle per du, Süßer", raunte Mireille. „Wenn du Sie zu mir sagst, komme ich mir gleich so alt vor." Wieder bekam er ihre Fingernägel zu spüren, dieses Mal am Unterarm. Wenn das so weiterging, würden bald große Teile seines Körpers mit halbmondförmigen Einkerbungen übersät sein. Hoffentlich nur die Bereiche oberhalb der Gürtellinie.

Und außerdem war sie alt – Alfie schätzte sie auf mindestens Mitte 70, die Herzoginwitwe auf über 80. Mosche Dajan lag wohl irgendwo dazwischen. Nur Jeff Bridges schien alterslos, wie ein Mann in den besten Jahren, egal, welche Jahre das sein mochten.

„Ludwig hütet das Bett. Nein, er ist kein Pflegefall", stellte Jeff Bridges gleich klar, als auf Alfies Stirn angstvoll Altenpflegeheim in Braille erschien, „er liegt einfach nur gern den ganzen Tag im Bett. Wenn man sein Leben lang hart gearbeitet hat, ist diese Vorliebe doch nur allzu verständlich, oder nicht? Er ist ohnehin strikter Alkoholgegner. Und dann wohnt hier noch Selma, aber wenn man unserer Selma Alkohol gibt, rastet sie aus. Sie rastet auch ohne Alkohol hin und wieder aus. Deshalb schließen wir ihr Zimmer immer ab." Jeff schenkte reihum großzügig ein.

„Soll ich den beiden vielleicht einen Saft aufs Zimmer bringen und mich vorstellen?", schlug Alfie vor. Er war ja schließlich gut erzogen. Und Ungleichbehandlungen gingen ihm immer schon wider den Strich. Wenn sie hier unten tranken, sollten die da oben auch etwas abbekommen.

„Ha!", machte die Herzoginwitwe.

Mireille kicherte.

Jeff Bridges zog eine buschige Augenbraue nach oben. „Lass mal, Jungelchen. Ludwig hat gerade seine Pflege-Polin bei sich ..."

„Pflege-Rumänin", warf Mireille ein.

„... jedenfalls will der sicher nicht gestört werden. Und um unsere Selma machst du besser einen großen Bogen, verstanden, Jungelchen? Ihr Zimmer ist off limits!" Er sah zu Mireille Mathieu und dann wieder zu Alfie. „In deinem eigenen Interesse", fügte er noch bedeutungsschwanger hinzu.

Alfie dachte sich seinen Teil. Womöglich war diese Selma eine Steigerung der laszíven Mireille, ein Männer verschlingender Vamp, der das Gefühl hatte, Weihnachten und Ostern sei auf einen Tag gefallen, wenn jemand, der noch ohne Viagra einsatzfähig war, das Haus betrat – und dann kein Halten mehr kannte. Ältere Frauen waren ja allesamt sexsüchtig. Mit den Kittelschürzen und den Dutts war auch die libidinöse Selbstbeherrschung aus der Mode gekommen. Pflegte seine Oma immer zu sagen, die nach dem Dahinscheiden seines Großvaters selbstverständlich ein keusches, männerfreies Leben geführt hatte. Sie fuhr nur noch mit ihrer Freundin Lore in Urlaub, die immer rappelkurze Haare und Herrenhosen trug und später bei seiner Oma einzog ... aber er schweifte ab.

„Auf unseren neuen Schlosshotelbesitzer!", zwitscherte Mireille und hob ihren Weißweinhumpen.

„Ja, zack auf ex, damit es endlich Abendessen geben kann." Die Herzoginwitwe hatte einen kräftigen Zug am Leibe.

Auch Jeff trank seinen Humpen quasi in einem Schluck aus.

Alfie zuckte schon zusammen, da hatte seine Zunge gerade mal Erstkontakt mit der Flüssigkeit aufgenommen. Er hatte schon Essig getrunken, der besser geschmeckt hatte. Aber den Alten hatte es offenbar geschmeckt. Nun ja, bekanntermaßen stellten die Geschmacksknospen in späten Jahren ihre Tätigkeit ein. Hier in der Runde war es offenbar schon soweit.

„Sehr trocken, das Zeug", erklärte die Herzoginwitwe missbilligend.

„Das reinigt die Gedärme", sagte Jeff nur, stellte den Humpen ab und krempelte die Ärmel hoch. „So, und jetzt Abendessen!" Dann setzte er sich, nahm Messer und Gabel zur Hand, stellte sie hochkant und rief: „Kohldampf!"

Auffordernd sahen die drei Alfie an.

„Äh ...", setzte der an. *Wie jetzt?*

„Natürlich kocht der Chef hier auch", erklärte Mireille und zwinkerte Alfie zu. „Schaumsüppchen, Soufflés, Süßspeisen – Aphrodisiaka, die auf der Zunge zergehen." Sie legte die altersfleckige Linke auf ihren recht tiefen Ausschnitt, zu dessen Aufpolsterung sichtlich niemand – weder die Natur noch ein Schönheitschirurg – beigetragen hatte.

Jeff lachte auf. „Seht ihr, wie bleich unser Kleiner wird? Jetzt quäl ihn doch nicht so." Voll väterlicher Zuneigung sah er Alfie an. „Schieb einfach ein paar Tiefkühlpizzen in den Backofen. Wir sind nicht verwöhnt."

Alfie starrte die drei an. Im Café Schröpp war ihm der Umgang mit Nahrungsmitteln strikt verboten gewesen, seit er am ersten Arbeitstag die Mikrowelle zum Implodieren gebracht hatte.

Jeff hielt in seinen riesigen Pranken immer noch Messer und Gabel, Mireille züngelte, einem Kolibri gleich, an dem weingefüllten Humpen, den Alfie eigentlich für den abwesenden Mosche Dajan vorgesehen hatte, und die Herzoginwitwe klopfte mit ihren hageren Fingerknöcheln auf die Tischplatte.

„Ich hatte erwartet, dass unter dem neuen Management die Verpflegung einen etwas höheren Standard erreicht." Sie spitzte die Lippen wie ein Spitzmaulfrosch. Hatte sie nicht vorhin bei seinem Eintreffen gesagt, dass sie Veränderungen jedweder Art verabscheute? Offenbar galt das nicht für ihre kulinarischen Ansprüche.

„Gib dem Jungelchen Zeit, das wird schon!", meinte Jeff. Alfie hätte ihm gern gesagt, dass er nicht *Jungelchen* hieß, sondern Alfie, da er sich aber an den richtigen Namen von Jeff Bridges auch nicht erinnern konnte, schwieg er lieber.

Alfie atmete tief aus. Nach endlos langer Zugfahrt, enttäuschten Hoffnungen nach der Testamentseröffnung und angesichts der dünnen Luft hier im Tiroler Hochland wäre er jetzt am liebsten in ein heißes Schaumbad oder doch wenigstens in ein weiches Bett mit heißer Wärmflasche gesunken. Hunger hatte allerdings auch er, und es machte ganz den Anschein, dass es nichts zu essen geben würde, wenn er die Angelegenheit nicht in die Hand nahm. Womöglich meuterten die Alten dann sogar und warfen mit ihren dritten Zähnen nach ihm.

Da kam ihm ein Gedanke. „Wer hat eigentlich in den letzten sieben Jahren gekocht, in denen mein Onkel als vermisst galt?", wollte er wissen.

„Fertigpizza. An jedem einzelnen Tag, den der Herr werden ließ, gab es Fertigpizza", zischte die Herzoginwitwe. Das war nicht wirklich eine Antwort auf seine Frage, erklärte aber das Vorhandensein der drei riesigen Kühlschränke.

Alfie wunderte sich, dass die Alten trotzdem allesamt von schmaler Statur waren. Bei manchem halfen ja die guten Gene. Womöglich waren Ludwig und Selma hoffnungslos fertigpizzenverfettet.

Alfie seufzte. Schicksalsergeben. „Ich sag's aber gleich: Ich kann nicht kochen."

„Schieben", entgegnete Jeff Bridges, „du musst nur schieben. Und zwar Fertigpizza in den Ofen."

„Großer Gott", raunte die Herzogingwitwe, „das kann ja heiter werden. Ist ein bisschen schwer von Begriff, der Kleine, oder? Hoffentlich denkt er wenigstens daran, die Plastikfolie abzunehmen, bevor er die Pizzen in Backofen gibt."

Alfie wollte „Entschuldigung, ich stehe direkt neben Ihnen!" rufen, als die Küchentür aufging und Mosche Dajan eintrat. „Habt ihr Yussef gesehen?", fragte er in die Runde.

Aha, es gab also doch noch einen weiteren Greis. Womöglich verbargen sich in den Winkeln des Hauses noch haufenweise unerwähnte, verhutzelte alte Menschen, die in ihrer Gesamtheit für Alfies weiteres Auskommen sorgen konnten.

„Yussef! Er ist weg", rief Mosche Dajan und klang hörbar besorgt Aber auch irgendwie bedrohlich. „Hat ihn keiner von euch gesehen? Niemand?"

Die anderen schüttelten synchron die Köpfe.

„Und du?" Skeptisch sah Mosche Alfie mit seinem einen Auge an. Als ob Alfie diesen Yussef gefesselt, geknebelt und als Haussklaven in die Vereinigten Arabischen Emirate verschachert hätte. Der Blick machte Alfie Angst. Was umklammerte Mosche mit der Hand, die in seiner tarnfarbengefleckten Militärhose steckte? Ein Schweizer Armeemesser?

„Ich habe Ihren Freund nicht gesehen", erklärte er rasch.

Mireille Mathieu lachte glockenhell auf, Jeff Bridges lachte eher bellend wie eine Hyäne. Nur die Herzoginwitwe schürzte stumm die Lippen.

Mosches Auge verfinsterte sich. „Willst du mich auf den Arm nehmen, Kleiner?"

Die Hand in der Hose zuckte. Rhythmisch. Mittlerweile hoffte Alfie fast, dass sie ein Messer umklammert hielt.

„Kein Stress, Männer." Jeff Bridges hob beschwichtigend die Arme. „Komm wieder runter, Alter, du weißt ganz genau, wie sehr Yussef den Duft der Freiheit liebt", sagte er zu Mosche Dajan und zu Alfie: „Jungelchen, Yussef ist ein Schoßtier."

Mosche zog die Hand aus der Hose, in der er ein Stück Käse hielt. „Yussef ist meine Ratte", sagte er.

Das erklärte einiges. Das Waldschlössl war also doch kein Fall für den Schädlingsbekämpfungsfachmann.

„Yussef ist mein Ein und Alles. Er weiß, wie krank vor Sorge ich bin, wenn er ohne ein Wort wegläuft. Warum macht er das nur? Warum?"

Alfie stutzte. Kullerte da gerade eine Träne unter Mosche Dajans schwarzer Augenklappe hervor?

Rasch drehte Alfie sich um – große Gefühle machten ihm Angst –, öffnete die Tür des nächstbesten Kühlschranks, zog das Tiefkühlfach auf ...

... und schrie.

Und schrie.

Und schrie sich heiser.

„Wir hätten es ihm vorher sagen sollen", meinte die Herzoginwitwe und hielt sich mit dürren Fingern die Ohren zu.

Mireille kugelte sich kichernd unter dem Tisch.

„Verdammt, Yussef wird sich bei dem Lärm zu Tode ängstigen", polterte Mosche Dajan und lief mit dem Käse ins Treppenhaus.

„Es ihm sagen? Das macht doch so viel mehr Spaß!" Jeff Bridges lächelte breit und schlug sich vor Vergnügen auf den Oberschenkel.

Alfie hatte natürlich schon tote Tiere gesehen. Einer der Skat-Freunde seiner Großmutter, ein leidenschaftlicher Jäger, hatte ihn einmal zu einer Treibjagd mitgenommen. Allerdings hatte sich Alfie am Schluss beim Anblick der ausgeweideten Rehe die Seele aus dem Leib gekotzt, war in seinem eigenen Erbrochenen ausgerutscht und hatte sich den Ellbogen gebrochen, weshalb ihn der Skat-Jäger nie wieder mit auf eine Jagd nahm. Aber immerhin, Alfie hatte tote Tiere gesehen.

Tote Menschen dagegen noch nie.

Also in echt. Bildschirmleichen zählten da ja nicht.

Nein, echte Leichen. So zerlegt, dass sie in ein Tiefkühlfach passten.

Er wollte sich übergeben, aber er würgte nur etwas Galle hoch.

„Hier", Jeff Bridges reichte ihm eine Flasche Jägermeister, „das hilft."

„Cognac, in einem solchen Fall hilft nur Cognac", erklärte die Herzoginwitwe.

„Haben wir aber keinen mehr. Irgendein Schluckspecht muss sich am letzten Rest vergriffen haben." Jeff

Bridges schaute sehr bezeichnend zu Mireille Mathieu, die nach Luft japsend über ihrem Küchenstuhl hing.

„Ich war ja ohnehin dagegen, es ihm überhaupt zu sagen", beharrte die Herzoginwitwe.

„Wir haben darüber basisdemokratisch abgestimmt", konterte Jeff Bridges.

„Mit einer Stimme Mehrheit! Und ich finde immer noch, dass Yussef keine eigene Stimme verdient hat!" Die Herzogingwitwe schmollte.

Jeff Bridges wischte sich eine Lachträne aus dem Augenwinkel. „Jetzt ist es sowieso zu spät, er weiß es."

Trotz des Schocks nervte es Alfie, dass ständig über ihn geredet wurde, als sei er nicht anwesend.

„Was weiß ich? Ich weiß nichts!", rief er, nahm einen Schluck Jägermeister und spuckte ihn sofort wieder aus. Nicht in die Spüle, einfach auf den Boden. In hohem Bogen. Darauf kam es jetzt auch nicht mehr an.

Wachte oder träumte er? „Ist das ein Seniorenhotelinsasse, der sich die Beerdigung nicht leisten konnte, und ihr habt ihn hier zwischengelagert?", mutmaßte Alfie.

„Jungelchen, der Tote in der Truhe ist maximal so alt wie du." Jeff Bridges schüttelte den Kopf.

„Woran soll ich das erkennen? Daran, dass keine Altersflecke auf der abgetrennten Hand auszumachen sind?" Alfie wurde laut. Er war in seinem ganzen Leben noch nie laut geworden. Aber das hier war irgendwie auch nicht sein Leben, das hier war ein Alptraum.

Jeff Bridges störte sich nicht weiter an Alfies Empörung. „Die Vier-Jahreszeiten-Pizza findest du unter seinem Kopf."

„Ich fass da bestimmt nicht rein!", gellte Alfie.

Mireille Mathieu bekam vom vielen Kichern Schluckauf.

Die Herzoginwitwe presste die Lippen aufeinander. Gleich darauf lockerte sie ihre Mundmuskeln wieder, um etwas Missbilligendes zu sagen: „Ich wusste, der Kleine verkraftet das nicht. Ich hab's euch gleich gesagt."

„Unsinn, der kriegt sich wieder ein. Gebt ihm einen Moment. Ich glaub an dich, Jungelchen!" Jeff Bridges nickte markig.

„Wie kommt ein junger Toter ins Tiefkühlfach?", verlangte Alfie zu wissen. Seine Schüchternheit, sein Respekt vor grauen Haaren – sämtlich weggeschockt. „Hat euer Klempner einen Herzinfarkt erlitten? Habt ihr einen Einbrecher in flagranti ertappt und ihn vor Schreck erschlagen?" Wilde Spekulationen schossen Alfie durch den Kopf. „Aber warum konntet ihr das nicht melden? Warum musstet ihr ihn zerlegen?" Blitzartig überkam ihn eine Erkenntnis. „Oh mein Gott, eure Renten reichen nicht für das tägliche Brot. Ihr wolltet ihn *essen* ..."

Mireille Mathieu war gänzlich ausgekichert. Sie gab nur noch glückliche Glucser von sich und hielt sich den Bauch. Das würde Zwerchfellmuskelkater geben.

Die Herzoginwitwe rollte mit den Augen.

Lächelnd schüttelte Jeff Bridges den Kopf. „Du fühlst dich allein unter Kannibalen? Da muss ich dich enttäuschen. Wir sind mehrheitlich sogar Vegetarier und picken die Salami von der Vier-Jahreszeiten-Pizza."

Alfie wagte noch einen Blick auf den Zerteilten – neben dem Kopf und der Hand sah er einen Fuß mit lackierten Nägeln, offenbar war der Tote Crossdresser gewesen –, dann schob er das Tiefkühlfach zu und schloss die Kühlschranktür. Aus Energiespargründen.

„Wenn ihr ihn nicht wegen der Begräbniskostenersparnis aufgehoben habt und auch nicht, um ihn zu essen, was macht er dann im Kühlfach?" Fragend sah Alfie Mireille, die Herzoginwitwe und Jeff Bridges an.

„Wir haben ihn hier nur zwischengelagert, bis wir ihn entsorgen können, ohne dass irgendwelche Spuren zu uns zurückführen!", erklärte Mosche Dajan von der Tür. Auf seiner Schulter saß Yussef und nagte an der Käseecke. Zumindest an der Tierfront gab es ein Happyend.

„Spuren?" Alfie verstand nur Bahnhof.

„Jungelchen, wir haben ihn umgebracht. Und jetzt überlegen wir uns, ob wir ihn in Vitriol zersetzen, bis er völlig aufgelöst ist, oder ihn irgendwo zu Asche verbrennen oder ..." Jeff Bridges zählte an den Fingern ab.

„Ihr habt ihn umgebracht?" Alfie war völlig entgeistert. „Warum?"

Tauchte da ein Hauch von Enttäuschung in den stahlgrauen Augen von Jeff Bridges auf? Weil Alfie wirklich ein wenig schwer von Begriff schien? „Wir sind Auftragsmörder, Kleiner. Wir töten für Geld."

„A-A-A-Auftragsmörder?", stotterte Alfie.

„Könnten wir das *bitte* nach dem Essen ausdiskutieren? Wenn ich in den Unterzucker komme, werde ich unleidlich", jammerte die Herzoginwitwe.

„Meine Liebe, du bist immer unleidlich", flötete Mireille Mathieu.

„Du mich auch, Schätzchen, du mich auch!", zischelte die Herzoginwitwe und hob ihren mehrfach beringten Mittelfinger.

Alfie stotterte weiter nichts. Auch in ihm war es still geworden. Die Erkenntnis, von einer Horde greiser Auftragsmörder umgeben zu sein, deren auserkorenen Alterssitz er mitsamt Tiefkühlleiche soeben geerbt hatte, überforderte ihn aufs Heftigste. So mussten sich die Menschen des Mittelalters gefühlt haben, als sie erfuhren, dass die Erde doch keine Scheibe war, von deren Ende man in infernalische Tiefen stürzen konnte, sondern ein Steinbällchen, das durchs Universum kreiselte. Der Durchschnittsmensch war für eine Erkenntnis von solcher Dimension nicht geschaffen. Und Alfie schon gleich gar nicht. Er hatte das Gefühl, vom Rand der Scheibe, die bislang sein Leben gewesen war, schreiend ins Bodenlose zu fallen. Aber es war ein stummer Schrei. Mehr so innerlich.

Yussef sprang von Mosche Dajans Schulter auf die Küchentheke, von dort auf einen Küchenhocker und dann hinunter auf den Boden, wo er genüsslich Alfies kleine Jägermeisterpfütze aufschleckte.

Wenigstens einer im Haus schien ganz mit sich im Reinen und rundum glücklich!

6
Der Morgen danach

Alfie wälzte sich im Bett, schreckte ständig hoch, tat kein Auge zu. Schließlich hievte er sich im Morgengrauen völlig gerädert aus den Federn. Von wegen, der beste vierbeinige Freund des Menschen ist sein Bett. Nichts war quälender, als wenn einem das Vertraute abrupt seine Segnungen vorenthielt.

„Er weiß aber schon, dass wir ihn töten, wenn er zur Polizei geht?", hatte die Herzoginwitwe mit dezidiertem Bühnenflüstern in die Runde gerufen, als Alfie sich nach dem Abendessen auf sein Zimmer zurückzog. Natürlich hatte er das über dem Knarzen der Treppenstufen noch deutlich gehört.

Die ganze Nacht hatte er auf verstohlene Schritte gelauscht, war immer wieder schweißgebadet aufgewacht, weil er fürchtete, im Schlaf erdolcht zu werden. Oder noch schlimmer. Hing da nicht ein Spinnwebfaden von der Decke? Direkt über seinem Kopf? War nicht in einem der Bond-Filme jemand auf exakt diese Art und Weise in den Tod befördert worden – indem durch ein Loch in der Zimmerdecke Gift auf einen Faden geträufelt wurde, der genau über dem Mund des Schlafenden endete? Wie in Zeitlupe war der Gifttropfen in den weit offenen Rachen des Schnarchers gefallen und – zack! – tot. Alfie wechselte mit dem Kopf ans Fußende des Bettes, aber er konnte trotzdem nicht schlafen.

Um 5 Uhr 30 gab er das fruchtlose Unterfangen auf. Er stand auf, zog seine Windjacke an (die Kleider hatte er gar nicht erst abgelegt), krallte sich seinen Einkaufstrolley und schlich über den Flur zur Treppe.

Eine knarzende Stufe ...

Er lauschte in die Stille. Hatte ihn jemand gehört?

... noch eine knarzende Stufe ...

Wieder lauschte Alfie. Rührte sich etwas im Haus?

... noch eine knarzende Stufe ...

„Du weißt schon, dass es sowas wie senile Bettflucht gibt? Hast du wirklich geglaubt, wir liegen alle in seligem Schlummer und du kannst dich einfach aus dem Staub machen?"

Jeff Bridges stand in einem blau-weiß-gestreiften Frotteebademantel in der offenen Küchentür, eine dampfende Tasse in der Hand.

„Ich wollte mich nicht aus dem Staub machen", widersprach Alfie. „Ich wollte nur ..."

Aber natürlich gab es darauf keine passende Antwort. Nicht mit dem gepackten Einkaufstrolley im Schlepptau.

„Es bringt nichts, wenn man vor seinen Problemen davonläuft. Probleme sind wie Bluthunde – egal, wo du hinläufst, sie laufen hinterher und spüren dich auf." Jeff winkte ihn in die Küche. „Auch eine Tasse Kaffee? Von dem Guten, nicht dieses entkoffeinierte Zeugs, das die Mädels trinken?"

Ohne Alfies Antwort abzuwarten, ging er in die Küche und goss einen weiteren Becher voll.

Alfie atmete seufzend aus und folgte ihm.

„Danke." Alfie nahm den Becher und setzte sich an den Küchentisch. So wie er war, in Windjacke und mit seinem Einkaufstrolley zwischen den Beinen.

„Jungelchen", fing Jeff Bridges an, „ich verstehe ja, dass dich all das hier ein wenig mitgenommen hat."

„Ein wenig?" Alfie hatte es nicht ganz so mezzo-sopranig klingen lassen wollen, aber die Angst trieb seine Stimme nach oben.

„Also schön, *sehr* mitgenommen hat. Dein Onkel tot, dein Erbe ... nicht ganz so, wie du es dir vielleicht erhofft hast ... und dann noch wir alten Säcke. Aber du packst das, ganz sicher." Jeff Bridges bedachte ihn mit einem Blick, wie ihn japanische Zen-Meister für junge Mönche aufsparten. Ein Obi-Wan-Kenobi-Blick. Alfie fühlte sich wie Luke Skywalker. Dann fielen ihm die glasigen Augen des Tiefkühlfachschädels wieder ein.

„Ihr bringt Leute um", konstatierte er das Offensichtliche. Das konnte er besonders gut.

„Wir sind keine durchgeknallten Serienmörder, die sich daran aufgeilen, wenn sie jemanden umbringen", erläuterte Jeff Bridges. „Wir töten nur für Geld. Und niemals Unschuldige, ausschließlich Drogenbarone, Mädchenhändler und so weiter, den Bodensatz der Menschheit. Wir morden auch nicht einfach sinnlos drauflos – Auftragsmörder ist ein Ausbildungsberuf mit anerkanntem Abschluss."

Alfie wollte „So ein Quatsch!" sagen, aber Jeff Bridges saß neben dem Messerstock, und vielleicht war Messerwerfen ja sein Hauptfach in der Auftragsmörderakademie gewesen, das er mit Bestnote abgeschlossen hatte. Alfie wollte nichts weiter als lebend aus dieser Sache herauskommen. Nur wie?

„Wenn es dich beruhigt – wir sind alle im Ruhestand. Unser aktives Leben liegt lange hinter uns." Jeff Bridges gab noch mehr Zucker in seinen Kaffee. Er war offenbar ein Süßer.

„Und wie kommt dann die Leiche in den Kühlschrank?", verlangte Alfie trotzig zu wissen. Er trank seinen Kaffee pechschwarz. Nun gerade.

„Komische Sache", räumte Jeff Bridges ein. „Der Typ ist letztes Wochenende aufgetaucht. Ein Libanese, der unter dem Codenamen *Der Falke* operiert hat. Kurz nach Mitternacht ist er plötzlich mit gezogener Knarre in meinem Zimmer gestanden. Ich muss zugeben, er hätte mich problemlos ausschalten können, so überrascht war ich." Jeff Bridges stockte. Sein Blick wurde nachdenklich. „Wäre mir früher nie passiert. Ich werde wohl tatsächlich alt."

„Und dann?" Wider besseres Wissen wollte Alfie in Erfahrung bringen, warum jetzt der Falke im Tiefkühlfach gefriertrocknete und nicht Jeff Bridges.

„Yussef hat mir das Leben gerettet. Ja, diese verfettete Ratte, Gott schütze sie. Ich habe immer Kekse auf dem Nachttisch, falls ich mal aufwache und Hunger schiebe, und Yussef war in jener Nacht gerade auf dem Weg zu meinem Keksvorrat, als der Libanese – um besser zielen zu können – einen Schritt auf mein Bett zutrat und dabei mit seinem Springerstiefel Yussefs Rattenschwanz unter sich begrub. Nicht mal die ganze Ratte, nur den Schwanz. Großes Geschrei! Man glaubt gar nicht, wie laut Ratten werden können. Oder vielleicht hat auch der Libanese geschrien, weil er sich vor dem Nager ekelte. Keine Ahnung, ist auch egal. Jedenfalls war der Gute für den Bruchteil einer Sekunde abgelenkt, und das reichte mir für eine Gegenmaßnahme." Jeff Bridges stellte pantomimisch tödliche Kung-Fu-Schläge gegen eine Männerkehle nach.

Alfie starrte in seinen Kaffeebecher. Ob der Kaffee vergiftet war?

Jeff Bridges betrachtete ihn kurz, dann wischte er über den Touchscreen des vor ihm liegenden iPads, gab ein paar Worte in die Google-Maske ein und schob das Tablet über den Tisch zu Alfie.

„Was du da gesehen hast, war kein filetiertes Unschuldslamm. Das war ein ganz bösartiger Wicht."

Auf dem Display sah Alfie diverse Zeitungsschlagzeilen. Der Falke war zu Lebzeiten dem hehren Ehrenkodex der diplomierten Auftragskiller offenbar nicht gefolgt, hatte sich als Söldner verdungen und in irgendwelchen afrikanischen Kriegen Frauen und Kinder zu Dutzenden abgeschlachtet. Alfie legte die Stirn in Falten. Das rechtfertigte natürlich nicht die eigenmächtige Ermordung dieses Schurken – nicht in einem Rechtsstaat. Und Alfie war sich auch gar nicht sicher, ob er – philosophisch wie gesellschaftlich betrachtet – *für* die Todesstrafe war. In seinem bisherigen Leben war diese Frage auch immer ausschließlich theoretisch gewesen.

Jeff Bridges las ihm seine Zweifel von der gerunzelten Stirn ab. „Die Zeiten haben sich geändert, Jungelchen. Wir hier, wir haben damals unseren Beruf noch ehrenvoll ausgeübt. Heute laufen lauter durchgeknallte Psychopathen durch die Welt, die auch mal grundlos losballern. Ich gebe den Videospielen die Schuld." Jeff Bridges schaute streng. „Aber du kannst mir glauben, das alles ist für uns Schnee von gestern. Wir gehören zu den ganz wenigen unseres Berufsstandes, die so alt geworden sind. Die wenigen Jahre, die uns noch bleiben, wollen wir in aller Seelenruhe hier in Seefeld verbringen. Ein bisschen wandern, ein bisschen pokern im Casino, die Seele baumeln lassen, gemütlich abtreten."

Alfie nahm jetzt doch einen Schluck Kaffee. Wär ja sonst schade drum. „Wenn keiner von euch mehr aktiv ist, was wollte dann der Falke hier?"

Jeff Bridges bekam schmale Augen. „Glaub mir, das haben wir uns auch schon gefragt!"

„Vielleicht wusstet ihr zu viel über ihn. Beispielsweise, dass er Crossdresser war", mutmaßte Alfie.

„Er war *was*?" Fragend hob Jeff Bridges die Brauen.

„Sagt dir das nichts? Crossdressing?"

„Ich kenne nur French Dressing", brummte Jeff Bridges.

„Nein, keine Salatsoße. Crossdresser. Ein Mann, der sich gern wie eine Frau anzieht. Deswegen die lackierten Zehennägel." Alfie kam sich sehr schlau vor. Er hatte messerscharf deduziert – wie Sherlock Holmes. Nur schärfer. „Ich glaube, zu eurer Zeit hat man das Transvestit genannt."

„Ach, *der Fuß*." Jeff schmunzelte. „Der Fuß war nicht seiner. Wir haben da noch eine Frau zwischengelagert. Ex-Kollegin. Ganz übles Geschoss. Die hat mal in der Schweiz ein wahres Massaker im Kollegenkreis angerichtet ... na, das erzähle ich dir ein anderes Mal. Aber du bringst mich da auf etwas ... womöglich besteht zwischen den beiden ein Zusammenhang ..." Grübelnd wanderte sein Blick in die Ferne.

Es lagen also zwei Tote im Tiefkühlfach, zählte Alfie derweil zusammen. Egal. Das machte den Kohl jetzt nicht mehr fett. Das Kraut auch nicht.

Eine Weile überlegten sie schweigend. Also: Jeff Bridges überlegte. Alfie war unschlüssig.

Es ließ sich nicht leugnen; diese exzentrischen Alten waren so ganz anders als seine Großmutter und ihre Skat-Freunde. In seinem ganzen Leben hatte er noch nie so viele Abenteuer erlebt wie seit vorgestern früh, als er im Café Schröpp den Brief der Anwaltskanzlei geöffnet hatte. Alfie fühlte sich ...

... lebendiger.

„Ich denke, ich werde nicht zur Polizei gehen", sagte er schließlich.

Jeff Bridges lächelte. „Besser wär's", sagte er. „Nachdem du gestern ins Bett bist, haben wir noch ein wenig über dich geredet. Wir sind zu dem Schluss gekommen, dass du eine Probezeit durchlaufen musst, in der dich immer einer von uns begleitet und dir nicht von der Seite weicht. Nur für den Fall der Fälle."

Alfie grinste, wischte sich das Grinsen aber ganz schnell wieder aus dem Gesicht, um keinen Verdacht zu erregen. Denn natürlich dachte er insgeheim, dass er jemandem wie der Herzoginwitwe problemlos entwischen konnte, sollte er das wollen, ganz egal ob sie vor hundert Jahren Scharfschützin für den Mossad gewesen war oder nicht. Junge Menschen denken immer, dass sie den alten eine Nasenlänge voraus sind. „Ist gut", sagte er deshalb. „Das verstehe ich. Geht schon in Ordnung."

„Und dein Handy behalten wir auch."

Alfie tastete nach dem Handy in seiner Hosentasche. Es war nicht da!

„Wo ...? Wie ...?"

„Das habe ich heute Nacht an mich genommen, als du geschlafen hast."

Alfies Unterkiefer klappte herunter.

„Ja, da staunst du. Hast du gar nicht mitbekommen, was?" Jeff Bridges lächelte. „Na gut, dann wäre ja jetzt alles geregelt. Du machst besser Frühstück. Spätestens um halb sieben verlangt das Pack nach einer warmen Mahlzeit. Und wenn man es nicht füttert, wird es unleidlich ..."

„Pack? So sprichst du also hinter meinem Rücken über mich", gurrte es plötzlich hinter ihnen. Mireille Mathieu kam in einem safrangelben Satinnegligé in die Küche geschwebt, trotz der frühen Stunde schon perfekt geschminkt und etwas zu üppig parfümiert. Die schwarze Perücke glänzte wie frisch lackiert. „Ich bin kein Pack und auch niemals *unleidlich*, allenfalls – wenn die Umstände es gebieten – ein wenig ..."

„... verschnupft, griesgrämig, indigniert, übellaunig, ungenießbar?", warf Jeff Bridges ein.

Mireille war nicht wirklich böse, versetzte ihm aber einen Knuff. „Ich wollte schauen, ob unser Kleiner Hilfe beim Frühstück benötigt."

Es war kurz nach sechs Uhr, an der senilen Bettflucht war wohl doch mehr dran, als Alfie bislang geglaubt hatte. Aus dem oberen Stockwerk konnte man Mosche Dajan rufen hören: „Yussef, Yussef, süßer, kleiner Yussef!"

Alfie stand auf und krempelte, bildlich gesprochen, die Ärmel hoch. „Dann wollen wir mal!", sagte er.

„So ist es recht." Jeff Bridges nickte. „Mireille, wenn du jetzt übernimmst, kann ich mich ja eine Stunde aufs Ohr hauen."

Sie winkte ihn fort. „Nur zu, geh."

Alfie räusperte sich. „Ich weiß nicht, ob man uns allein lassen sollte ..."

Mireille kicherte schon wieder. Eine wahre Kichererbse, die Frau.

„Wie süß, er hat Angst um meinen Ruf", säuselte sie.

Jeff Bridges, schon im Gehen befindlich, rief: „Quark. Der Kleine fürchtet um seine Jungfräulichkeit."

„Ich bin keine Jungfrau mehr!", rief Alfie empört.

„Ich wette, was Frauen eines bestimmten Alters angeht, schon. Merk dir einfach: Keine Gegenwehr. Dann wirst du es möglicherweise überleben. Betonung auf *möglicherweise*." Jeff Bridges zwinkerte ihm zu und verschwand.

Alfie schwante nichts Gutes. Hektisch riss er diverse Schränke und Schubladen auf. „Ich mache mich am besten mit der Küche vertraut", rief er, ohne Mireille anzusehen. Wenn er sie nicht sah, sah sie ihn vielleicht auch nicht.

„Ich konnte nicht umhin, eure Unterhaltung zu hören", zwitscherte Mireille und räkelte sich lasziv auf

77

dem Küchenstuhl, auf dem bis gerade eben noch Alfie gesessen war.

„Ach ja?" Im Herumwirbeln merkte Alfie, wie erschöpft er war. Er setzte sich wieder.

„Weißt du, die Sache hat Jonathan sehr mitgenommen."

„Wen?"

„Jonathan!"

Ach herrje, ja, genau. Das war der richtige Name von Jeff Bridges. Alfie musste sich dringend all ihre Namen aufschreiben und auswendig lernen.

„So ein Libanese im Schlafzimmer hätte jeden mitgenommen", fand er, weil er das Gefühl hatte, Jonathan-Jeff verteidigen zu müssen.

Mireille lachte unfroh auf. „Nicht jemanden wie unseren Jonathan. Jonathan ist eine Legende. Ian Fleming hätte seinen James Bond nach ihm modelliert, wenn Jonathan zu der Zeit schon aktiv gewesen wäre. Er hat mehr als einen Blofeld dieser Welt ausradiert und dabei dessen Perserkater verschont. Er hat ein nordkoreanisches Straflager überlebt und eine Zwangsverheiratung mit gleich drei Töchtern eines Warlords im kongolesischen Dschungel. Nein, Jonathan ist ein eiskalter Hund. Der wird nicht nervös, weil plötzlich jemand mit einer Knarre an seinem Bett steht. Womöglich lag es daran, dass er nicht allein in besagtem Bett lag, als der Libanese mit der Waffe hereinstürmte."

„Ich weiß schon ... Yussef." Alfie nickte wissend. Es war ein verschwörerisches Nicken, eines für Eingeweihte untereinander.

Mireille kicherte wieder. „Unsinn, Dummerchen. Nicht die Ratte. Eine Frau!"

Alfie sah Mireille mit großen Augen an.

„Nein, nicht ich! Pft!" Sie winkte ab.

Alfie grübelte. Oh Gott, die Herzoginwitwe und Jeff Bridges? Sie konnte doch seine Mutter sein ...

„Die Thailänderin, die unseren Ludwig pflegte", plapperte Mireille weiter.

„Rumänin", korrigierte Alfie automatisch.

Mireille schüttelte den Kopf, ihre nachtschwarzen, fatzenglatten Prinz-Eisenherz-Strähnen wackelten bauchtanzartig. „Nein, die davor. Kam aus Bangkok. Konnte natürlich nach dem Vorfall nicht länger bleiben."

„Oh mein Gott ... tot?" Alfie hatte nur in einen der Kühlschränke geschaut. Es gab ja noch zwei weitere. Vielleicht trennten sie hier kontinental nach europäischen und asiatischen Leichen.

Mireille kicherte wieder. Ihr Satinnachthemd schlug Wellen wie ein Teich, in den man einen Kiesel geworfen hat. „Du bist wirklich zu süß! Nein, die Thailänderin ist nicht tot. Sie wurde mit Geld abgefunden und nach Hause geschickt. Die in Thailand nehmen es mit Menschenleben nicht so pingelig. Das sind nicht solche Weicheier wie wir hier im Westen. Wir haben sie anschließend durch eine Rumänin ersetzt."

Alfie atmete erleichtert aus. Und gähnte.

Er nahm sich fest vor, nachher einen Blick in die restlichen Tiefkühlfächer zu werfen. Doch im Moment war er ...

... schrecklich müde.

Seine Lider wurden schwer. Er gähnte erneut. „Ich mache gleich ... Frühstück ... sofort ...", murmelte er mit schwerer Zunge, ohne zu merken, wie sein Kopf schon nach vorn sackte.

Und da kam seine Stirn auch schon wuchtig in Kontakt mit der Tischplatte.

Ein Sonnenstrahl kitzelte seine Nase.

Alfies Nasenflügel bebten. Der Sonnenstrahl kitzelte heftiger. Nein, nein, es war doch kein Sonnenstrahl, der ihn kitzelte. Es war die Zunge von Yussef.

Mit einem Schrei fuhr Alfie hoch. Der Schrei endete in einem schmerzlichen Stöhnen. Meine Güte, wie lange hatte er mit dem Kopf auf der Tischplatte geschlafen? Ihm taten alle Knochen weh.

Abgesehen von Yussef war Alfie allein in der Küche. Er stand auf und streckte sich. Niemand hatte Hand an ihn gelegt. Sein Einkaufstrolley stand immer noch neben dem Küchentisch, scheinbar unangetastet. Und was am wichtigsten war: Alfie lebte noch.

Yussefs Näschen zitterte. Die großen, schwarzen Knopfaugen starrten ihn hypnotisch an.

„Du bist das Hässlichste, was ich jemals gesehen habe. Du bist total eklig. Du bist übergewichtig und übermäßig behaart und hast Mundgeruch. Und du gehörst nicht in eine Küche!", erklärte Alfie. Dann ging er zum Kühlschrank, zog eine Käseecke heraus und legte sie vor Yussef auf den Tisch.

Ganz ehrlich, im Moment war diese gemeine Hausratte noch sein bester Freund hier im Schloss. Alfie war sich sicher, dass es alle anderen auf ihn abgesehen hatten. Nur Yussef nicht. Wiewohl Yussef definitiv an seiner Leiche knabbern würde, sollte es je zu Alfies Ableben kommen. Die Loyalität einer Ratte hielt sich in Grenzen.

Da Alfie schon vor dem Kühlschrank stand, zog er das Tiefkühlfach mit dem toten Libanesen auf. Es war leer. Nun ja, nicht ganz leer, diverse Tiefkühlpizzen lagen noch darin. Die ganze Palette – von Pizza Margherita über Vier Jahreszeiten bis hin zur Deluxe-Steinofenpizza mit Ananas und Anchovis.

Alfie sah auch in den Tiefkühlfächern der beiden anderen Kühlschränke nach.

Nichts.

Die Libanesenleichenteile waren ebenso verschwunden wie die Überreste der Auftragskillerkollegin.

Einen kurzen, surrealen Moment lang glaubte Alfie, das alles nur geträumt zu haben. Die ungewohnte Fernreise in Verbindung mit der Höhenluft hatte ihn halluzinieren lassen. Auftragsmörder, alles Quatsch.

Dann kam Mosche Dajan hereingestürmt, verschwitzt, mit Schlammspritzern auf Hemd und Hose. Ein Blick auf den Küchentisch und er erfasste die Situation. „Ehrlich Kleiner, ich weiß es zu schätzen, dass du Yussef ein Leckerli zusteckst, aber bitte keinen Käse. Käse geht sofort auf die Hüfte. Und blockiert die Arterien. Er soll gesunde Dinge naschen – Karottensticks, Blumenkohlröschen. Du weißt schon. Vitamine. Mit Käse locken wir ihn nur, wenn er mal wieder ausgebüchst ist."

Mosche nahm eine Schale mit geraspeltem Sellerie und stellte sie vor Yussef. Der schnupperte angewidert daran, drehte sich um, sprang auf einen Küchenstuhl, dann auf den Boden und huschte davon.

„Yussef!", rief Mosche Dajan und stürzte hinterher.

„Oh gut, du bist wach." Jeff Bridges kam herein, ebenfalls eingeschlammt und verschwitzt. „Dann kannst du dich jetzt ja umziehen. Wir gehen alle zusammen ins Casino und feiern."

„Was?"

Jeff Bridges nahm eine Flasche Bier mit Bügelverschluss aus dem Kühlschrank, schnippste sie auf und trank in großen Schlucken. Mit dem Handrücken wischte er sich über den Bart. „Wir haben alle kompostierbaren Teile des Falken hinten im Garten vergraben.

Die Verräterin auch. Drei Tüten Bio-Kompostbeschleuniger drüber, und schon in drei Monaten bleibt von den beiden nur noch die Erinnerung. Hörst du auch zu? Du sollst was lernen!"

Letzteres galt Alfie, dem beim Gedanken an schnellkompostierende Leichen in seiner unmittelbaren Nähe leicht unwohl wurde. Wobei leicht eine Definitionsfrage war. Auf einer Skala von eins bis zehn hätte Alfie auf eine Sechs getippt.

Jeff Bridges las in ihm wie in einem Buch. „Jungelchen, diese Empfindlichkeiten musst du dir abgewöhnen. Jedenfalls bringt Mai Ling gerade seine nicht-organischen Habseligkeiten in dem Innsbrucker Mietwagen, mit dem er gekommen ist, rüber nach Deutschland. Merk dir, es ist immer hilfreich, wenn man beim Spurenverwischen Ländergrenzen überschreitet. Die haben zwar mittlerweile alle Hilfsabkommen, gerade auch in Europa, aber es bleibt doch wie Stille Post – unterwegs gehen immer Informationen verloren. Das nützt uns."

Alfie nickte, weil Jeff Bridges ihn ansah, als würde er das erwarten. Was war das hier: ein Grundkurs im Auftragsmorden? Das Einmaleins der Leichenentsorgung?

Alfie wollte nicht lernen, wie man Morde beging und damit durchkam. Er wollte Besitzer eines florierenden Hotels in Tirol sein. Hier lief irgendwas unrund.

Jeff Bridges dozierte unbekümmert weiter: „Wir haben in seinen Sachen keinen Hinweis darauf gefunden, was der Falke hier wollte und wer ihn geschickt hat. Aber darüber machen wir uns ein anderes Mal Gedanken. Du musst wissen: Berufliche Erfolge müssen gefeiert werden, damit man mit Spaß dabeibleibt. Die Arbeit darf nie seelenlose Routine werden! Darum duschen wir jetzt, und sobald Mai Ling zurückkommt, gehen wir alle ins Casino. Hast du was zum Anziehen dabei?"

Alfie blickte zu seinem Einkaufstrolley.

„Das soll dann wohl nein heißen." Jeff Bridges seufzte. „Zu meiner Zeit ist man noch stilvoll gereist, mit Überseegepäck, heute muss alles minimalistisch und praktisch und atmungsaktiv sein. Na schön, dann soll dir Karl-Heinz einen Anzug leihen, das kommt von der Statur her wohl am ehesten hin."

Alfie wollte sich innerlich notieren, dass Mireille Mathieu Mai Ling hieß und Mosche Dajan Karl-Heinz. Aber da schlug ihm Jeff Bridges mit wuchtiger Hand auf die Schulter und rief: „Ist das alles nicht ein großer Spaß? Wir haben das bestmögliche Leben!"

Und irgendwie lösten sich die wirklichen Namen seiner Auftragskillermeute damit wieder im Nebel des Vergessens auf.

„Ein gutes Spiel beginnt mit einem guten Blatt!", philosophierte Jeff Bridges. „Das ist beim Poker genauso wie im richtigen Leben."

Eine eindrucksvolle Karawane war es, die sie an diesem frühen Nachmittag bildeten.

Jeff Bridges schritt in seinem sichtlich maßgeschneiderten, sichtlich italienischen Anzug voraus wie Moses; allerdings hatte er nicht vor, den Wildsee zu teilen, sondern allenfalls irgendwelche Busreisegruppen, die sich ihnen in den Weg stellten.

Dicht hinter ihm trottete Alfie in einem viel zu großen, dunklen Begräbnisanzug, den Mosche Dajan ihm geliehen hatte. Der Anzug hing wie ein Kartoffelsack an ihm, stank penetrant nach Kampfer, und Alfie war sich ziemlich sicher, dass es sich bei den Kügelchen in der rechten Jackentasche um Rattenkötel handelte.

„Hoffentlich hat dieser gut aussehende Croupier heute Dienst", hauchte Mireille Mathieu, die zu ihren blutrot lackierten überlangen Fingernägeln ein hautenges, hoch geschlitztes Kleid aus taubenblauer Seide und farblich passende High-Heel-Slings trug. Eigentlich ein sexy Outfit. Wenn auch nicht gerade das, was man von einer über Siebzigjährigen modisch erwarten würde.

„Wer spielt, kann sein Geld auch gleich in den Gulli werfen. Ich komme nur mit, um endlich wieder einmal anständigen Champagner zu trinken." Im Gegensatz zu dem glattgebügelten Botoxgesicht von Mireille war die Herzoginwitwe ein wahres Faltenrelief. Es waren keine Lachfältchen, die sich um ihre Augen zogen, es waren Missbilligungsfurchen. Sie trug weit geschnittene Marlenehosen, die es ein bisschen so aussehen ließen, als habe sie ein bodenlanges Kleid an. Dazu eine mintgrüne Häkeldecke, die wohl eine Wollstola sein sollte, sowie einen schwarzen Gehstock mit Elfenbeingriff, und – voilà! – das Bild der Herzoginwitwe war komplett.

Den Abschluss bildete Mosche Dajan im Smoking. Er wirkte völlig deplatziert, mitten am helllichten Tag in Seefeld, aber zugegebenermaßen ungeheuer stilvoll. Wie James Bond, nur eben mit Augenklappe. Aber vielleicht war die Augenklappe ja gerade das Tüpfelchen auf dem i. Mehr als eine der Matronen, denen sie unterwegs begegneten, warf ihm glutäugige Blicke zu, die besagten: „Nimm mich hier, nimm mich jetzt!"

Mosche Dajan achtete mit seinem guten Auge jedoch gar nicht auf die willigen Passantinnen. Er studierte ein Faltblatt. „Heute ist der erste Tag der Herbst-

Challenge im Casino", las er vor. „Texas Hold'em, No Limit, mit einem Buy-In von 200 Euro und maximal fünfzig Teilnehmern."

Alfie sagte das nichts. Er verstand kein Wort. Es hätte ebenso gut Kisuaheli sein können, was Mosche Dajan da sagte. Alfie hatte noch nie gepokert und fand Kartenspiele jedweder Art langweilig. Gegen Skat hatte er aufgrund seiner Kindheitserlebnisse sogar eine richtige Aversion. Zudem hatte er keine 200 Euro. In der Ukulele schon, aber nicht bei sich am Körper. „Ich glaube, ich möchte nicht spielen", verkündete er.

„Willkommen im Club", sagte die Herzoginwitwe. „Ehrlich, manchmal komme ich mir vor wie eine Pauschalreisende im Club Med, die gezwungen ist, das komplette Bespaßungsprogramm mitzumachen, obwohl ich viel lieber allein am Pool liegen würde."

„Wir haben keinen Pool", erwiderte Mireille Mathieu süffisant.

„Wie blond bist du eigentlich unter deiner Madame-Butterfly-Perücke?", ätzte daraufhin die Herzoginwitwe. „Ich meine das selbstverständlich metaphorisch."

„Pö!", zischte Mireille.

„Mädels, benehmt euch!", mahnte Jeff Bridges, wohl auch, weil sie in diesem Moment die Kreuzung an der Innsbrucker Straße erreichten und ein Streifenwagen vorbeikam.

Alfie merkte, wie die anderen innerlich eine Habachtstellung einnahmen. Er war sich der Blicke auf seinem zu großen Konfirmationsanzug bewusst. Nicht aus Furcht vor der Fashion Police, sondern aus Sorge, er könnte der echten Bullerei Handzeichen geben und sie verraten. Mosche Dajans Rechte glitt in seine Smokingjacke. Zweifellos hatte er darin ein Butterflymesser versteckt, mit dem er Alfie in Stücke metzeln würde, sollte er den Polizisten auch nur mit den Augenbrauen zuwackeln.

Dann war der Moment der Anspannung auch schon vorüber. Der Streifenwagen rauschte in Richtung Reith davon.

Ein kollektives Aufatmen lief durch die Truppe. Nur Alfie hielt immer noch die Luft an.

„Wir hatten immer sehr viel Spaß im Casino, das wird heute auch so sein!", verkündete Jeff Bridges und schritt weiter.

Gleich darauf standen sie in dem kleinen Park am Teich mit den Mini-Fontänen und der Einhornskulptur und schauten auf den weißen Turm des Casinos, der ein bisschen an einen Wehrturm aus dem Mittelalter erinnerte, mit kleinen Fenstern unter dem Schindeldach, aus dem Rapunzel ihren Zopf herunterlassen hätte können.

„Was soll das hier sein? Sightseeing in der grünen Lunge von Seefeld?", lästerte die Herzoginwitwe, angesichts der Aussicht auf Champagner sichtlich ungeduldig.

„Ich wollte unserem Kleinen nur die besonders schönen Ecken des Ortes zeigen", meinte Jeff Bridges ungerührt. „So viel Zeit muss sein."

Basisdemokratisch wurde Jeff daraufhin überstimmt, auch ohne die Stimme von Yussef – die Truppe eilte zum Casino-Eingang.

Für Alfie war es der erste Besuch einer Spielbank, somit hatte er keine Vergleichswerte. Er hatte auch nicht gedacht, dass man schon mittags ins Casino gehen konnte. Außerdem hatte er sich Spielbanken immer größer vorgestellt. Aber die Atmosphäre traf genau sein inneres Bild: viel Rot und Braun und Grün, letzteres vor allem als Bespannung der Roulettetische. Gleich rechts nach dem Eingang befand sich eine ebenso gemütliche wie elegante Holzbar, an der sich die Herzoginwitwe sogleich einen Barhocker sicherte.

Mosche Dajan ließ die Bar kalt, er rauschte direkt zum separierten, großzügig geschnittenen Poker-Raum.

Mireille Mathieu hakte sich bei Alfie unter. „Komm, lass uns etwas trinken."

„Drei Gläser Champagner", orderte die Herzoginwitwe laut und klopfte mit ihrem Elfenbeingehstock auf den roten Teppichboden.

Jeff Bridges warf einen Jeton auf den mittleren Roulettetisch, der gerade als einziger in Betrieb war.

Alfie sah sich um. Dafür, dass es noch so früh am Tag war, schien das Casino seiner Meinung nach erstaunlich gut besucht. Die meisten Gäste, ausschließlich Männer, drängten sich hinter der Glaswand im Pokerraum zusammen, im Roulette- und Black-Jack-Bereich war die Lage sehr viel übersichtlicher. Einige junge Leute in Alfies Alter, aber mehrheitlich doch die Generation seiner Auftragskillerrentner.

Was Alfie wieder ins Grübeln brachte.

Das konnte doch alles unmöglich wahr sein! Die Leichenteile im Tiefkühlfach – das waren Filmrequisiten. Seine Senioren hatten als Requisiteure gearbeitet. Oder als Marionettenbauer. Niemals nicht als Auftragskiller. Sowas gab es doch gar nicht! Sie erlaubten sich einfach einen Spaß mit ihm!

Er betrachtete die Herzoginwitwe, die mit strengem Blick in ihr eben serviertes Champagnerglas äugte, als ob sie sich vergewissern wollte, dass auch keine Fliege darin schwamm. Mireille Mathieu prostete unterdessen kokett einem der Croupiers zu, der mit Sicherheit ihr Sohn, möglicherweise sogar ihr Enkel sein konnte. Der Croupier zwinkerte ihr zu. Oder es war ihm ein Staubkorn ins Auge geraten. Alfie wollte das gar nicht so genau wissen.

Alfie drehte sich auf seinem Barhocker um und griff nach seinem Champagnerglas.

„Verzeihung, der Herr", meldete sich da der Barkeeper. „Das ist nicht Ihr Glas. Das gehört einem der Herren am Roulettetisch. Hier bitte, *das* ist Ihr Glas."

Er schob aus einer ganzen Batterie an Gläsern ein volles Champagnerglas auf Alfie zu.

Jetzt erst fiel Alfie auf, wie viele volle und halbvolle Gläser sich auf der Theke tummelten. Offenbar war es Usus, dass man als Casinobesucher sein Glas abstellte, ein bisschen Geld verlor und dann wieder zu seinem Glas zurückkehrte. Alfie kam sich auf einmal sehr weltgewandt vor, jetzt, da er wusste, wie man sich in einer Spielbank zu benehmen hatte.

„Danke", prostete er dem Barkeeper zu. Für ihn gab es jedoch kein Zwinkern vom Personal.

Alfie nahm einen Schluck und stellte sein Glas wieder ab. Tagsüber stieg ihm Alkohol zu schnell in den Kopf, da musste er vorsichtig sein. Die Herzoginwitwe und Mireille Mathieu hatten beide schon ihr zweites Glas zur Hälfte geleert.

Alfie drehte sich wieder zu den Roulettetischen. Er sah gerade noch, wie ein älterer Mann etwas ins Ohr von Jeff Bridges flüsterte. Dann fiel ihm auf, dass sich ein sehr gut aussehender, eleganter Mann mit schulterlangen Haaren an den Black-Jack-Tisch setzte. Wo hatte er den nur schon einmal gesehen? Der Mann schaute zu Alfie herüber und deutete ein Nicken an. Alfie erwiderte es, ohne dass die Erinnerung daran, woher er ihn kannte, zurückgekehrt wäre. Egal, er fühlte sich jedenfalls zugehörig. Ja, an dieses Leben der Kultiviertheit und des Luxus würde er sich gewöhnen können!

Die Croupiers am Roulettetisch wurden ausgetauscht.

Alle Spieler hasteten in dieser kurzen Pause zur Theke, um rasch einen Schluck aus ihren Gläsern zu nehmen. Jemand stieß Alfie in den Rücken, er hörte ein „Verzeihung, bitte!"

Auch Jeff Bridges kam an die Bar und bestellte beim Barkeeper ein Bier. „Meine Güte, wie schnell das gehen kann. Rinnerthaler ist tot", sagte er zu niemand im Besonderen, aber doch in Hörweite von Alfie und der Herzoginwitwe. Mireille Mathieu war längst von ihrem Hocker gerutscht und hatte sich den jungen Croupier auf seinem Weg in die Pause gekrallt.

„Wer ist Rinnerthaler?", fragte die Herzoginwitwe.

„Nein! Der Anwalt?" Alfie war entsetzt. „Der war doch gestern noch mopsfidel. Wollte zum Fußballtraining." Tja, es war wie Bridges gesagt hatte, so schnell konnte es gehen. „Herzinfarkt?"

Mit Herzinfarkten kannte Alfie sich aus. Drei der sieben Skat-Freunde seiner Großmutter hatte es mitten im Spiel erwischt, während Alfie gerade Salzstangen oder Käsehäppchen servierte. Er wusste, wie schnell das unergründliche Schicksal ein Lebenslicht ausblasen konnte. Wobei er die erlöschenden Lichter nie gesehen hatte, die drei waren sämtlich erst im Krankenhaus gestorben. Prinzipiell aber kannte er sich theoretisch aus.

Jeff Bridges schüttelte den Kopf. „Nein, kein Infarkt, eine Kugel. Man hat ihn in seinem Büro erschossen. Das muss unmittelbar nach unserem Besuch passiert sein. Ist dir irgendetwas aufgefallen, Jungelchen?"

Alfie schüttelte den Kopf. Wenn er den Herzinfarkt schon nicht glauben konnte, dann erst recht keine Kugel. Erschossen?

„Erst bricht der Falke bei uns ein, jetzt ist der Anwalt tot. Das kann kein Zufall sein!" Jeff Bridges trank sein Bier auf ex.

Am Roulettetisch ging es weiter. Man rief noch rasch dem Barkeeper Nachbestellungen zu, dann zog die Herde wieder geschlossen zum Grün.

Alfie wandte sich zu seinem Glas, war aber plötzlich unsicher. Zwei volle Gläser standen vor ihm. Hatte er nicht schon an einem genippt? Am Glas von Mireille etwas weiter rechts sah man deutlich Lippenstiftspuren, nicht aber an den Gläsern direkt vor ihm. Hätte sich der Lippenstift für den Mann durchgesetzt, könnte ihm das jetzt eine Hilfe sein. So tat er, was er in diesen Situationen immer tat: abwarten. Wem immer das Glas neben ihm gehörte, er würde seines sicher erkennen. Er schob beide Gläser mittig zwischen seinen Hocker und den Nebenplatz.

Die Herzoginwitwe musterte einstweilen abschätzig zwei Neuankömmlinge, die in diesem Moment das Casino betraten. „Unglaublich, wen die heutzutage alles hereinlassen", lästerte sie.

Alfie fand die beiden eigentlich ganz respektabel. Sie waren gut gekleidet, nur eben sehr modisch und mit viel Herrenschmuck. Für Seefeld vielleicht einen Tick zu stylish und geschmückt. Aber am Roulettetisch stand unter anderem eine Frau im orangefarbenen Sari. Hier traf sich die Welt, da war auch Platz für Fashion Victims.

Die Modemänner stellten sich neben ihm an die Theke und bestellten Champagner. Auf Französisch.

„Hm", schnaubte die Herzoginwitwe. In diesen einen Laut und ihre gerümpfte Nase legte sie ihre ganze moralische Kritik.

Alfie überlegte, aus welchem Jahrhundert sie wohl stammen mochte. Dem vorvorigen?

Der Barkeeper stellte noch zwei Champagnerflöten neben Alfie auf die Theke.

Die beiden Franzosen, die einen Blick in den Pokerraum riskiert hatten, kamen zurück, ergriffen zwei der vollen Gläser, prosteten sich zu und tranken.

Unmittelbar darauf griff sich der eine an den Hals und fing an zu röcheln. Es war ein qualvolles, lautes, panisches Röcheln, das sich in die Länge zog, während der Röchelnde die Augen unnatürlich weit aufriss, bis man den Eindruck hatte, die Augäpfel wollten aus dem Schädel springen.

Das wäre jetzt ein Fall für seinen Ex-Chef Schröpp und dessen Kunstfertigkeit im Heimlich-Griff, dachte Alfie noch, als der schicke Franzose zu Boden ging. Er strampelte noch ein wenig, bekam Schaum vor den Mund, nässte sich im Schritt ein und blieb dann reglos mit weit aufgerissenen Augen liegen.

Das sah eher nicht danach aus, als hätte er sich nur verschluckt. Er wirkte jetzt irgendwie ...

... tot.

Ob es nun am ungewohnten Alkoholgenuss lag oder an seiner zarten seelischen Konstitution, jedenfalls wurde Alfie daraufhin ohnmächtig. Er merkte noch, wie ihm die Sinne schwanden. Dass er direkt neben dem Toten unsanft auf dem Teppichboden aufkam, bekam er bereits nicht mehr mit.

Im Gegensatz zu seinem morgendlichen Schläfchen am Küchentisch wusste Alfie ganz genau, wie lange er ohnmächtig gewesen war. Circa zwei Sekunden.

Als er die Augen aufschlug, sah er in die aufgerissenen, erstarrten Augen des Toten, über dem von dessen

Partner gerade haufenweise Tränen vergossen wurden. Echte Männer schämen sich ihrer Tränen nicht. Echte Franzosen schon gleich gar nicht.

Jemand vom Personal telefonierte deutlich vernehmbar mit der ärztlichen Notrufzentrale und beschrieb die Symptome des Mannes, dem sichtlich nicht mehr geholfen werden konnte.

Neben Alfie kniete auch jemand, nämlich Jeff Bridges, der vergoss aber keine bitteren, französischen Tränen, sondern raunte ihm ausgesprochen autoritär zu: „Wenn gleich die Bullen kommen, dann gibst du dich zurückhaltend wortkarg, verstanden? Du hast nichts mitbekommen, du bist einfach nur ein entsetzter Bürger. Mach uns ...“ Er stockte kurz. „Mach *mir* ja keine Schande!“

Alfies Blick wanderte zu den anderen Casino-Gästen, die wahlweise entsetzt die Hand vor den Mund pressten oder sich cool und abgebrüht gaben. Vielleicht waren sie ja tatsächlich cool und abgebrüht. Das Leben in den Bergen, wo die Lawinen zu Tale donnerten, war hart, da wurden die Schwachen bestimmt rasch aussortiert. Vielleicht kippten hier in Tirol täglich Leute aus den Pantoffeln.

Alfie wusste, dass er Unsinn dachte. Dass er auf leeren Magen Alkohol getrunken hatte, musste sich ja irgendwie auswirken. Also auch abgesehen von seinem Schwächeanfall. Er holte innerlich Anlauf und richtete sich auf die Ellbogen auf.

Die Leitung des Casinos hatte diesen oder ähnliche Notfälle offenbar schon geprobt. Niemand durfte den Bereich des Saales, in dem er sich zum Zeitpunkt des Zwischenfalls aufgehalten hatte, verlassen. Beschwerden darüber gab es keine. Ein Blick auf die brezelartig verrenkten Gliedmaßen des Toten, und man wusste:

Das war kein Fall von Unverträglichkeit gegenüber vergorenem Traubensaft, hier war einer übelst vergiftet worden. Sollte sich in diesem Moment ein Suizidgefährdeter im Casino befunden haben, so war das eine eindrückliche Demonstration gegen die Einnahme von Gift, um den eigenen Tod herbeizuführen. Es war schmerzhaft, eklig und dauerte – zumindest für die Betroffenen – viel zu lange. Und man gab danach einfach keine schöne Leiche mehr ab.

Alfie hob den Blick wieder, dorthin, wo eben noch Jeff Bridges eindrücklich auf ihn hinuntergeblickt hatte, aber da klaffte eine Lücke. Jeff Bridges war weg. Und nicht nur Jeff Bridges, auch die Herzoginwitwe und Mireille Mathieu waren verschwunden. In den Pokerraum konnte er, am Boden liegend, nicht sehen, aber Alfie war sicher, dass auch Mosche Dajan das Weite gesucht hatte.

Ob seine Greise einen der Wachmänner an den Ausgängen bestochen hatten? Womöglich begaben sich Auftragskiller ja nie an einen Ort, ohne vorab alle möglichen Fluchtwege auszubaldowern? Nur für den Fall der Fälle. Jedenfalls waren sie jetzt weg – und Alfie war auf sich gestellt.

Ihm fiel noch auf, dass auch der elegante Black-Jack-Spieler mit den schulterlangen Haaren nicht mehr anwesend war, ebensowenig die Frau in dem orangenen Sari.

Doch da kamen auch schon die Rettung und die Polizei.

„Wie konntet ihr das tun? Wie konntet ihr mich allein zurücklassen?"

Am frühen Abend kehrte Alfie auf sein Schloss zurück. Im Grunde war es gar nicht schlimm gewesen: Während er auf seine Befragung wartete, hatte ihm der Barkeeper einen Energieriegel spendiert – aufs Haus, weil Alfie keinen müden Cent in der Tasche hatte.

Später hatte ein freundlicher junger Polizeibeamter seine Personalien aufgenommen und ihn gefragt, was er gesehen hatte. Alfie konnte völlig aufrichtig aussagen, dass er nichts gesehen hatte. Jedenfalls nicht, bevor das Opfer mit seiner Röchelarie anfing.

Da Alfie erstens völlig unbescholten war – keine einzige Jugendsünde, und weil er kein Auto besaß und auch nie eins besessen hatte, gab es nicht einmal Strafzettel für falsches Parken oder Punkte für zu schnelles Fahren –, da er zweitens in keinerlei Verbindung zu dem Toten stand – den er nicht kannte, was dessen Lebensgefährte mit Hilfe eines Dolmetschers auch bestätigte –, und da Alfie drittens auch absolut nichts Sachdienliches zur Aussage bringen konnte, bedankte man sich für seine Kooperation und ließ ihn gehen.

„Ihr habt mich ganz allein zurückgelassen!", beschwerte sich Alfie jetzt, als er in den Salon des Waldschlössls trat.

Jeff Bridges, Mireille Mathieu und die Herzoginwitwe saßen gemütlich um den gemütlich flackernden Kamin.

„Wie konntet ihr das tun?"

Hinter Alfie tauchte Mosche Dajan auf, der über seinem schicken Smoking jetzt eine verratzte Barbour-Jacke mit dicken Ausbeulungen trug.

„Pst!", zischelte die Herzoginwitwe.

„Ich habe doch gar nichts gesagt", maulte Mosche.

„Ich meine ja auch den Kleinen."

Alle sahen zu Alfie. Der gab sich verstockt. „Wie konntet ihr mich ganz allein zurücklassen? Ich dachte immer, bei euch gilt das Motto *Keiner bleibt zurück!*"

„Das ist das Motto der Elite-Soldaten der amerikanischen Marine, nicht unseres", gurrte Mireille Mathieu und ergab sich sichtlich irgendwelchen Erinnerungen, vermutlich an amerikanische Elite-Seemänner.

„Pst!", wiederholte die Herzoginwitwe.

„Was soll dieses ständige Pst?!" Alfie wurde laut. Er litt an Schlafmangel, Unterzuckerung und den Nachwehen einer leichenfundinduzierten Angstattacke, da lagen seine Nerven bloß.

„Jungelchen, schau, wer hier ist", sagte Jeff Bridges, der wieder Cordhosen und einen dicken Norwegerpulli trug und mehr wie Jeff Bridges aussah als Jeff Bridges selbst. Mit beiden Händen drehte er Alfies schmalen Kopf in Richtung Panoramafenster.

„Hi, ich bin die Mandy!", flötete eine junge Frau, die ihm seltsam vertraut anmutete.

„Ist sie nicht entzückend?", raunte Jeff Bridges ihm ins Ohr.

Sie war jünger als Alfie, hatte aber ebenfalls blonde Locken und blaue Augen – und definitiv mehr Unterhautfettgewebe.

„Doppel D", konstatierte Jeff Bridges genüsslich, als ob Alfie das nicht selbst bemerkt hätte.

Alfie dachte allerdings ganz züchtig, dass sich diese prallen Dinger beim Akkordeonspielen doch als ziemlich hinderlich erweisen mussten. Dieser auf den ersten Blick ungewöhnliche Gedanke kam ihm aus gutem Grund: Mandy hatte ein rotes Akkordeon geschultert.

„Sie sind der Chef, ja? Ich würde gern hier im Hotel als Alleinunterhalterin anfangen", erklärte Mandy zuckersüß und zeigte ihr strahlend weißes Gebiss. Jede andere Frau hätte angesichts zweier Männer, die wie hypnotisiert auf ihre Möpse starrten, erbost auf ihre Augen gezeigt und klargestellt: „Ich bin hier oben, meine Herren." Aber Mandy wackelte nur noch provokativer mit der beachtlichen Oberweite, die aus der Dirndlbluse zu platzen drohte.

Alfie riss sich zusammen. Was hatte sie gerade gesagt?

„Bei uns anfangen? Als ... *was?*" Natürlich waren Alfie auf seiner Erkundungstour durch Seefeld am ersten Tag – war das wirklich erst gestern gewesen? – überall die Plakate aufgefallen, auf denen hiesige Etablissements für ihre Alleinunterhalterabende warben. *Rudi täglich ab 20 Uhr live im Batzenhäusl – Musik mit Herz, Schwung und guter Laune, Musik und Tanz mit Franz ab 16 Uhr im Erlebniswirtshaus „Alt Seefeld"* oder ... mehr fielen ihm gerade nicht ein, aber es waren Dutzende. Seefeld musste die Alleinunterhalterhochburg der Welt sein. Doch wenn es einen Ort gab, an dem kein Alleinunterhalter gebraucht wurde, dann hier in seinem Waldschlössl.

„Wir brauchen keine ...", fing er deshalb an.

Jeff Bridges legte ihm die Hand auf die Schulter. Nein, er umklammerte sie wie ein Schraubstock. „Mandy wollte uns gerade eine Probe ihres Könnens geben", sagte er.

„Aber ... aua!" Alfie verstummte.

Mandy trug ein tief ausgeschnittenes Dirndl, das ihr definitiv zu eng war. Nicht nur im Dekolletee-Bereich schien sie förmlich herauszuquellen. Es war auch viel zu kurz; als sie sich nach vorn beugte, um das Akkordeon abzustellen, spiegelte sich hinter ihr im Panoramafenster – weil es draußen schon dunkel war – ihr knappes Rüschen-Höschen.

Jeff Bridges und Mosche Dajan seufzten. Die Herzoginwitwe machte „Hmpf" und brummte: „Ihr werdet euch noch wundern, Jungs."

Alfie fragte sich, immer noch züchtig, warum ihm diese Mandy so vertraut vorkam, wie eine Seelenverwandte aus einem früheren Leben. Er staunte über sich selbst. An frühere Leben glaubte er nicht, auch nicht an künftige. Und schon gar nicht an Seelenverwandtschaften.

„Wenn's recht ist, fang ich mit einem Jodler aus meiner schönen Heimat an." Mandy strich sich die Schürze glatt und jodelte los.

Alfie kam ja aus einer Gegend, in der nicht gejodelt wurde. Für seine Ohren klang es, als ob das auch für Mandy galt. Was da aus ihrem Mund drang, erinnerte stark an die Todesschreie von Robbenbabys, die wegen ihres Fells zu Tode geknüppelt werden.

Das schien aber weiter niemand zu stören. Jeff Bridges stierte wohlwollend auf die bebenden Hügel in Mandys Ausschnitt, Mosche Dajan betrachtete mit einem Lächeln ihre langen, wohlgeformten Beine. Die Herzoginwitwe guckte wie immer geringschätzig und Mireille Mathieu klatschte im Takt. Soweit ein Takt auszumachen war.

Irgendwann war die Qual vorüber – schon Alfies Oma hatte immer gesagt: Alles geht vorbei!

„Und? Hat es Ihnen gefallen?" Mandy presste die Hand auf den üppigen Busen, legte den Kopf schräg und schaute kokett.

„Ha!", schnaubte die Herzoginwitwe.

„Bravo!", rief Mosche Dajan und klatschte in die Hände. Etwas Schweres, Dunkles fiel aus einer seiner Barbour-Taschen. Er kickte es mit dem Fuß unter die Couch mit den Troddeln.

„Sie sind eingestellt!", verkündete Jeff Bridges.

„Wie bitte?", rief Alfie, der glaubte, sich verhört zu haben.

Mandy schlang die schlanken Arme um ihn und drückte ihm einen dicken Kuss auf die Wange. „Wie schön! Da dank ich aber recht herzlich!"

„Moment mal!", warf Alfie ein. Das war jetzt *sein* Schloss und mithin war das auch *seine* Entscheidung. Was kostete so eine Alleinunterhalterin überhaupt? Und sowieso, das hier war ein Haus voller Leichen – also jetzt ja eher ein Grundstück voller Leichen –, denen war erstens das Entertainmentprogramm der Hotelleitung egal, und zweitens konnte die Entertainerin irgendwann zufällig im Komposthaufen stochern – und dann würde hier die Hölle los sein!

„Ich bin ganz sicher, Sie werden zufrieden mit mir sein!", gurrte Mandy in diesem Moment und legte Alfie die warme, weiche Frauenhand auf den Arm. Es ließ sich nicht erklären, aber die Berührung empfand Alfie als seltsam intim. Nicht intim intim, sondern vertraut intim. Da war sofort eine Verbindung, wie zu jemandem, den man schon ewig kannte. Er spürte, wie er innerlich dahinschmolz.

„Jedes gute Haus hier am Ort hat einen Alleinunterhalter. Da dürfen Sie nicht außen vor bleiben!", erklärte Mandy.

„Wir ... wir sind derzeit nur ganz spärlich besetzt ..." Ein letzter Rest Widerstand bockte in ihm auf.

„Das macht nichts. Ich laufe gerade vor kleinem Publikum so richtig zur Hochform auf. Ich bin ein wenig schüchtern." Mandy nahm eine Kleinmädchenpose ein, mit dem Zeigefinger auf den Lippen. Alfie fand das gekünstelt und total unecht, aber Jeff Bridges und

Mosche Dajan riefen unisono: „Vor uns müssen Sie keine Angst haben!"

„Ha!", trompetete die Herzoginwitwe.

„Unser Budget ist aber ...", fing Alfie an.

„Ich spiele natürlich ausschließlich für Trinkgelder", erklärte Mandy. „Es wäre mein erstes richtiges Engagement, da komme ich Ihnen gern entgegen. Ich übe ja noch."

Alfie fielen keine guten Gegenargumente mehr ein.

„Ich kann auch kochen", setzte Mandy noch eins drauf. „Ich gehe Ihnen in der Küche gern zur Hand."

„Aber honorarfrei", erklärte Alfie rasch.

„Natürlich!" Mandy nickte, und ihre blonden Löckchen hüpften.

„Abgemacht!" Jeff Bridges strahlte.

„Allerdings habe ich noch kein Zimmer gefunden. Könnte ich wohl die ersten Nächte hier wohnen?" Mandy war wie ein Raubtier, das mühelos das schwächste Mitglied der Herde wittern konnte. Ihre Hand löste sich von Alfie und wanderte zu Jeffs Unterarm. „Wirklich nur für ein paar Nächte, gern auch ganz schlicht."

Nein, wollte Alfie kategorisch sagen, auf gar keinen Fall. Wer wusste schon, was seine Alten als Nächstes aushecken würden. Sie brauchten freie Bahn. Doch Jeff Bridges kam ihm erneut zuvor.

„Selbstverständlich, gar kein Problem. Wir haben noch ein entzückendes Dachzimmer zur Seeseite. Warten Sie, ich helfe Ihnen." Er nahm ihr Akkordeon und ihren Koffer und ging zur Treppe. „Hier entlang."

„Ich komme!", gluckste Mandy und eilte ihm nach. Gleich darauf steckte sie noch einmal den Kopf zur Tür herein. „Bis nachher. Ich zaubere Ihnen was ganz Tolles zum Abendessen. Wirklich geil, dass ich hierbleiben darf!" Sie warf eine Kusshand in den Raum und verschwand.

„Meine Güte, hoffentlich macht sie ihre kleinmädchenhafte Nervigkeit durch ihre Kochkunst wett, sonst brauche ich dringend mehr Kopfschmerztabletten", erklärte die Herzoginwitwe.

„Wie können Sie zulassen, dass jemand Fremdes ins Haus kommt?", fragte Alfie entgeistert. „Ihre Tarnung steht auf dem Spiel!"

Mireille Mathieu saugte an ihrer überlangen Zigarettenspitze. Die Zigarette darin war allerdings kalt. „Wir sind in Rente. Wir machen doch gar nichts mehr. Was sollte ihr da auffallen?"

Alfie wollte eben „Und was ist mit dem Komposthaufen?!" rufen, da brüllte Mosche Dajan: „Hab's!" Er hatte sich auf den Boden gekniet und unter dem Troddelsofa nach dem Dunklen, Schweren getastet, das ihm aus der Tasche gefallen war.

Selbst Alfie, dem Gewalt gänzlich fremd war und der Schießereien nur aus dem Fernsehen kannte, wusste sofort, was Mosche da in der Hand hielt: den Griff eines Gewehres. Mit Abzug.

Mosche fischte aus der Spezial-Innentasche seiner Barbour-Jacke noch einen Lauf, einen Aufsatz für punktgenaues Zielen und eine Schachtel mit Munition.

„Großer Gott!", entfuhr es Alfie. Er schloss die Tür zum Salon, falls Mandy noch ein Encore in den Raum rufen oder eine weitere Kusshand werfen wollte. „Wozu schleppst du denn ein Gewehr mit dir herum?"

„Wie süß", kicherte Mireille Mathieu. „Er weiß es nicht!"

„Kleiner", säuselte die Herzoginwitwe, „glaubst du wirklich, wir hätten dich mit der Polizei reden lassen ohne eine gewisse ... sagen wir mal ... Rückversicherung?"

Alfie schluckte schwer. „Mosche hätte mich erschossen, wenn ich was Falsches gesagt hätte?"

Mosche grinste. „Ich war auf dem Dach gegenüber."

„Aber da hast du doch gar nicht hören können, was ich gesagt habe!", wandte Alfie ein.

Mosche Dajan imitierte mit Daumen und Zeigefinger der rechten Hand einen Revolver, den er auf Alfie abfeuerte, dann hochkant stellte und den Rauch vom Lauf pustete. „Zugegeben, es war Ermessenssache. Aber was willst du? Du lebst ja noch. Ende gut, alles gut."

„Bumm!", donnerte die Herzoginwitwe und stieß ihren Elfenbeingehstock schwer auf den Parkettboden.

Woraufhin Alfie vor Schreck wieder in Ohnmacht sank. Dieses Mal knallte er allerdings mit der Stirn gegen einen Beistelltisch.

Das würde eine Beule geben.

7
Ein Angebot, das man nicht ablehnen kann

Alfie wurde zunehmend klar, welches Wort die Art Mensch beschrieb, die er nicht ertrug: quirlig!

Mandy wirbelte herein wie ein Tornado.

„Guten Morgen, ist das nicht ein wundervoller Morgen, hach, wie wundervoll", jubilierte die nigelnagelneue Alleinunterhalterin des Waldschlössls.

Es war schon fast Mittag.

Mandy trug Hotpants, was Mosche Dajan, der gerade in der Ecke Yussef bürstete, sehr glücklich zu machen schien. Dazu ein T-Shirt mit nichts darunter, was wiederum Jeff Bridges nicht sehr glücklich machte. Denn an diesem Morgen wirkte Mandy flachbrüstig. Was war über Nacht mit dem Doppel-D-Busen geschehen? Mit dem bisschen Holz, das unter dem T-Shirt wippte, hätte man allenfalls einen winzigen Bollerofen beheizen können. Da blieb die Hütte kalt. Jeff Bridges seufzte.

„Push-up BH, wusst ich's doch!", triumphierte die Herzoginwitwe und erlaubte sich ein kleines Lächeln. Eigentlich verzog sie eher die Lippen auf diabolische Weise, aber Alfie ging mal davon aus, dass es ein Lächeln sein sollte.

Er persönlich fand Mandy so viel hübscher.

Offenbar hatte die Herzoginwitwe mit Mireille Mathieu gewettet, denn letztere schob ihr einen blauen Schein zu und verließ die Küche.

Jeff Bridges seufzte in seinen halbleeren Kaffeebecher. Das Seufzen galt nicht nur den falschen Brüsten. Es war auch dem Umstand geschuldet, dass Mandy mit ihrem vollmundigen Versprechen, ein gutes Essen zu zaubern, etwas hoch gegriffen hatte. Sie war in der

Küche ebenso talentiert wie beim Jodeln. Und so hatte es am gestrigen Abend im Waldschlössl, wie immer schon und wie vermutlich auch bis ans Ende aller Tage, Fertigpizza gegeben.

Mandy goss sich den Rest Kaffee aus der altmodischen Kaffeemaschine in einen Becher und stellte sie wieder auf die Warmhalteplatte, ohne das Gerät auszuschalten. Das würde Einbrand geben!

Anfängerfehler. Der Alfie auch schon unterlaufen war. Mehrfach. Fehler machte er grundsätzlich nie nur einmal, immer zwei, drei, vier Mal, nur um ganz sicher zu gehen. Er wollte Mandy gerade darauf hinweisen, als Mireille Mathieu mit der Post zurückkam.

„Rechnung, Werbung, Rechnung, Rechnung." Sie sortierte die vier Briefe aus und warf sie in die Restmülltonne. Alfie hatte schon gelernt, dass man es hier mit der Mülltrennung nicht so ernst nahm. „Ah, das hier ist für unseren Kleinen."

Sie reichte ihm einen dicken Umschlag.

„Von der Kanzlei Resnick, Rinnerthaler & Suss", las Alfie vor.

Wurde er bleich?

„Aber Rinnerthaler ist doch tot!", entfuhr es ihm.

„Das ist die gute, alte, österreichische Post – die liefert auch aus dem Jenseits", kicherte Mireille und zitierte den Slogan, der derzeit auf allen Zustellfahrzeugen zu lesen war: „Wenn's wirklich wichtig ist, dann lieber mit der Post – CO_2-neutral zugestellt."

„Mach auf!", befahl Jeff Bridges.

Alfie riss den Umschlag auf – mit den Fingern, ein absolutes Novum für ihn – und hielt gleich darauf ein Schreiben in der Hand, das aus jeder Papierfaser Bedauern verströmte.

„Wegen des unerwarteten Ablebens von Rudolf Rinnerthaler wird um mein Verständnis gebeten, dass die offizielle Abwicklung meiner Besitzübertragungsbestätigung erst in ein paar Tagen vollzogen werden kann", fasste Alfie zusammen. „Ich dürfe aber beruhigt davon ausgehen, dass alles problemlos seinen Gang nimmt, und ruhig schon planen, wie ich über mein Erbe zu verfügen gedenke."

„Hurra", juchzte Mandy. Alle sahen zu ihr.

„Eine Erbe, wie schön!", erläuterte sie ihre Freude strahlend, nur um gleich darauf ihren Gesichtsausdruck völlig zu verändern, weil ihr dämmerte, dass für ein Erbe auch jemand gestorben sein musste. „Mein Beileid!"

„Wo wir jetzt zwei junge Menschen im Haus haben, könnten wir doch lieber besprechen, wer künftig morgens die Brötchen vom Bäcker holt", wechselte die Herzoginwitwe das Thema. „Ich bin es leid, zum Frühstück kalte Fertigpizzareste vom Vorabend zu essen."

Alfie guckte gewichtig. Das Anwaltsschreiben in seiner Hand verlieh ihm eine gewisse innere Autorität. Jedenfalls fühlte es sich so an. „Das erledigt selbstverständlich die neue Angestellte."

Er sah zu Mandy. Die nickte. „Aber natürlich, gern. Nur nicht immer ganz so früh wie heute, ich bin kein Morgenmensch."

Die Herzoginwitwe rollte mit den Augen. Die Küchenuhr zeigte 11 Uhr 22.

Lasziv lehnte sich Mandy neben Alfie an die Küchentheke. „Ich habe gestern Abend gar nicht alle Namen mitbekommen. Wollen Sie mir die Gäste nicht vorstellen, Chef?"

Das gefiel Alfie und gefiel ihm auch wieder nicht. In seinem kurzen Leben war es noch nie vorgekommen, dass eine schöne Frau sich an ihn heranmachte. Unter anderen Umständen hätte er das genossen, aber das hier drohte, peinlich zu werden.

Er sah zu Jeff Bridges. Der starrte immer noch nachdenklich in seinen mittlerweile leeren Kaffeebecher.

„Ja also ... äh ... okay ..." Alfie zeigte in die Ecke. „Das dort sind Yussef und ... Mosche Dajan."

„Was?" Mosche Dajan hob den Kopf. „Wer?"

Mireille Mathieu kicherte. „Oh, wie köstlich!"

Sogar die Herzoginwitwe versuchte sich wieder in der diabolischen Gesichtsgymnastik, die ein Lächeln darstellen sollte.

„Weil du so durchtrainiert aussiehst ... und wegen der Augenklappe", rief Alfie rasch, in der Hoffnung, Mosche Dajan würde das als Kompliment auffassen.

„Ich habe mich immer als Yul Brynner gesehen", wandte Mosche Dajan ein. Er hatte aufgehört, Yussef zu bürsten, und strich sich über das haarlose Schädeldach.

„Yul Brynner!", kreischte Mireille Mathieu. Selbst die Herzoginwitwe lachte kurz auf.

Alfie bekam mit, dass Jeff Bridges etwas zu Mandy sagte, womöglich stellte er die Anwesenden namentlich vor, aber er hörte nichts davon, so laut rauschte vor Verlegenheit das Blut in seinen Ohren. Alfie fand sich damit ab, dass er die Namen seiner Greise bis ans Ende ihrer Tage nicht mehr lernen würde.

Gequält schaute er aus dem Küchenfenster, durch das man direkt auf den Komposthaufen sah, und meinte plötzlich, dort eine Bewegung wahrzunehmen. Das bildete er sich doch nicht ein! Der Komposthaufen hatte sich eben bewegt!!

Panisch blickte Alfie sich um, konnte aber wegen Mandy nichts sagen. Dabei ging ihm so viel durch den Kopf: Wie war das mit filetierten Ermordeten? Fanden sich die einzelnen Leichenteile bei der Zombie-Apokalypse lose wieder zusammen und ließen den Toten in seiner Gesamtheit auferstehen? Oder würden sich wahllos beispielsweise der Torso der toten Auftragskillerin und der Kopf des Falken zusammenfinden und sich aus dem Komposthaufen erheben? Es konnten doch unmöglich simple, biologische Verwesungsprozesse sein, die den Komposthaufen dazu brachten, sich zu bewegen, oder?

Alfie hyperventilierte.

„Was hat er denn?", fragte Mandy besorgt.

„Flatternerven", meinte die Herzoginwitwe, „der Kleine ist unser Sensibelchen. Er schämt sich, weil er keine Namen behalten kann."

Nur Jeff Bridges musterte wie Alfie den Komposthaufen und legte die Stirn in Falten.

Am Ende war es leichter als gedacht.

Nicht das mit den Namen, sondern Alfies Flucht. Keine Flucht wie der Zugriffsentzug vor Rächer Schröpp, aber Alfie musste dringend aus dem Haus – mal für sich sein, sich dem Einfluss der Truppe entziehen, klare Gedanken fassen.

Irgendwann am Nachmittag, nach einer Runde durch das Waldschlössl – Jeff Bridges hatte Alfie vom Keller bis zum Dachboden alles gezeigt, mit Ausnahme der beiden angeblichen Mitbewohner Ludwig und Selma, weshalb Alfie zu der Überzeugung gelangte, die zwei würden skelettiert in ihren Schaukelstühlen sitzen wie weiland die Mutter von Norman Bates in *Psycho* –, zerstreuten sich alle in dem verwinkelten Gebäude.

Mandy bot sich an, die defekten Glühbirnen im Treppenhaus zu ersetzen, wozu sie auf einen Stuhl klettern musste, den Mosche Dajan – wegen der guten Aussicht – festhielt. Mosche blutete am Ohrläppchen, weil Yussef eifersüchtig auf Mandy geworden war und ihn gebissen hatte.

Jeff Bridges hatte sich mit den Worten „Ich muss nachdenken, passt auf unseren Kleinen auf!" auf sein Zimmer zurückgezogen, Mireille und die Herzoginwitwe saßen mit gezückten Bleistiften und Sudoku-Heften im Salon.

Und wie immer, wenn ein Befehl an eine Runde ergeht, fühlte sich niemand konkret angesprochen. Alle gingen davon aus, dass schon irgendwer auf Alfie aufpassen würde, aber keiner tat es. In aller Seelenruhe schlüpfte er in seine Windjacke und trat durch die Küchentür, die früher in den Kräutergarten geführt hatte und jetzt zur Entsorgungsgrube für kleinteilige Leichenteile führte, ins Freie. Er lief zu dem niedrigen Zaun, der zum Nachbargrundstück führte, kletterte darüber und war ...

... frei!

Langsam ging er hinunter zur Wildseepromenade, wo er eine Weile unschlüssig stehen blieb.

Warum rannte er nicht einfach zur Polizei? Warum fuhr er nicht mit dem nächstbesten Zug nach Hause?

Vielleicht ging ihm unbewusst das Zitat von Paulo Coelho durch den Kopf: Wer denkt, das Abenteuer ist gefährlich, versuche es mit Alltagsroutine – die ist tödlich.

Das Schicksal präsentierte ihm täglich eine neue Leiche, und ganz bestimmt würde er demnächst an Skorbut sterben, weil er ausschließlich von Fertigpizza lebte, aber er fühlte sich immer noch – er hörte in sich hinein, lauschte – ja, er fühlte sich immer noch lebendiger denn je.

Außerdem ließ es sich nicht leugnen, dass ihm Jeff Bridges, Mosche Dajan, Mireille Mathieu und sogar die Herzoginwitwe ganz allmählich ans Herz wuchsen. Gut, sie waren Auftragskiller, aber doch auch herrlich exzentrisch und vor allem selbstsicher. So musste man alt werden – mit Stil.

Das mit dem Skorbut ängstigte ihn dann aber plötzlich doch. Er fischte in der Hosentasche nach Geld, fand ein Zwei-Euro-Stück und machte sich auf den Weg ins Zentrum von Seefeld, um dort im Supermarkt Albrecht eine Banane zu erstehen. Reine Vorsichtsmaßnahme. Oder war es eine Orange, die man essen musste?

Als Alfie eine Viertelstunde später durch die elektrischen Glastüren trat und sich kurz orientierte, wo genau es zur Obstabteilung ging, legte ihm plötzlich jemand die Hand auf die Schulter.

Alfie drehte sich um.

Ein eleganter Herr im beigen Kaschmirmantel mit hochgestelltem Kragen lächelte ihn an. Charmant, aber irgendwie auch ölig.

Alfie kam das Lächeln bekannt vor. Das schmale Gesicht, der Dreitagebart, die sehr hohen Geheimratsecken unter dem graumelierten, schulterlangen Haar ...

Aber natürlich, das war der Fremde aus dem Casino, den er – jetzt fiel es ihm wieder ein – auch im Zug schon kurz gesehen hatte.

„Entschuldigen Sie, Alfred Gänswein, nicht wahr?" Man konnte einen ganz leichten ausländischen Akzent erkennen, den Alfie aber nicht zuordnen konnte.

„Ja?" Woher kannte der Mann seinen Namen?

„Verzeihen Sie, wenn ich Sie einfach anspreche. Richard Esterhuysen. Aus Argentinien. Ich würde Ihnen gern ein Angebot unterbreiten. Ein Angebot, das Sie nicht ablehnen können ..." Er grinste. „Haben Sie zufällig gerade Zeit für mich?"

Alfie zögerte. Sein Blick wanderte zu der Bäckerei mit Café gleich links.

„Ich würde Sie auch auf einen Kaffee einladen", bot Esterhuysen an. „Oder auf was immer ..." Esterhuysen musterte Alfie. „Buttermilch? Mir wäre wirklich sehr an einem Gespräch gelegen. Es würde sich auch für Sie auszahlen, das kann ich Ihnen versichern."

Alfies Blick fiel auf die Kreidetafel an der Wand des Cafés, an der frischer Obstsalat angepriesen wurde. Das gab den Ausschlag.

Gleich darauf saßen sie an einem der Tische in der hinteren Ecke bei Obstsalat und Bier.

„Woher kennen Sie mich denn?", wollte Alfie wissen und sezierte seinen Obstsalat, wobei vor lauter Konzentration die Zungenspitze zwischen seinen Lippen herauslugte. Bei aller Skorbut-Angst gab es Früchte, auf die er allergisch reagierte. Ananas zum Beispiel.

Esterhuysen musste angesichts Alfies penibler Obsttrennung lächeln. „Seefeld ist ... sagen wir mal ,überschaubar'. Ich habe Erkundigungen eingezogen."

Alarmglocken schrillten in Alfie los. „Erkundigungen?"

„Ich bin Investor und suche eine passende Immobilie hier im Ort. Man sagte mir, dass das Waldschlössl den Besitzer gewechselt hat. Und hier bin ich, mein lieber Gänswein. Ich möchte Ihnen das Waldschlössl abkaufen. Für eine erkleckliche, eine *sehr* erkleckliche Summe. Was sagen Sie dazu?"

Alfie sagte gar nichts, weil seine Großmutter ihm beigebracht hatte, nicht mit vollem Mund zu sprechen. Er kaute seinen Bissen aus Kiwi, Erdbeere und Mango.

„Wie ich hörte, haben Sie keine Ausbildung zum Hotelier. Für Quereinsteiger ist diese Urlaubshochburg nicht das richtige Terrain, hier hat man im Hotelgewerbe harte Konkurrenz von Profis, die das Geschäft besser als sonst wer verstehen. Zudem habe ich schon einen Blick auf das Waldschlössl geworfen – da ist doch einiges an Renovierungsarbeiten vonnöten. Wenn nicht sogar eine Kernsanierung. Und, bitte, verstehen Sie das nicht falsch, aber ich bin nicht sicher, ob Ihnen die Banken das dafür nötige Geld, sicher eine sechsstellige Summe, vorstrecken werden."

Esterhuysen Blick glitt kritisch über Alfie, der leicht gebeugt über der Obstsalatschale kauerte. Die blonden Locken, das kindliche Gesicht, der Flaum am Kinn, die zerknitterte Windjacke – er wirkte wie ein Primaner, nicht wie ein Geschäftsmann. Und das wusste Alfie auch.

Er dachte an seine vier Greise. Wenn die im Waldschlössl wohnten, das zugegebenermaßen sehr heruntergekommen war, dann hatten sie doch bestimmt keine andere Wahl, oder? Wo sollten die vier ihren Lebensabend verbringen, wenn er sein Schloss verscherbelte? Andererseits ...

„Von welcher erklecklichen Summe sprechen wir denn hier?", fragte er, ohne Esterhuysen anzusehen. Klang er gierig?

Wenn er sich in der Welt auch nur ein bisschen ausgekannt hätte, hätte er gewusst, wie sehr Geschäftsleute *gierig* mögen – *gierig* lässt sich kaufen, man muss sich nur über den Preis einig werden.

Esterhuysen zog einen Notizblock aus seiner Kaschmirmanteljacke, riss ein Blatt ab, kritzelte etwas darauf und schob den Zettel über den Tisch zu Alfie.

Alfie verschluckte sich.

Heftig.

Wieder ein Fall für den Schröpp'schen Heimlich-Griff, dachte er anfangs noch schmunzelnd, weil er die Lage eklatant verkannte.

Ein Stück Kiwi hatte sich der Speiseröhre verweigert und verschanzte sich nun hartnäckig in der Luftröhre. Langsam bekam es Alfie mit der Angst zu tun. Er wedelte mit den Armen. Nach wie vielen Minuten setzte der unumkehrbare Hirnschaden ein? Er wedelte heftiger.

Esterhuysen nahm einen Schluck Bier und lächelte entschuldigend, wie man ein Kleinkind anlächelt, das in einem Restaurant ein allzu lautes Bäuerchen gemacht hat. Milde, nachsichtig, aber auch reglos.

Alfie erhoffte sich da deutlich mehr Hilfestellung. Weil auch die Cafégäste an den anderen Tischen nicht zu bemerken schienen, dass er hier den Zweikampf gegen eine Kiwi zu verlieren drohte, donnerte er mit den Fäusten auf den kleinen Tisch. Die Obstschale flog daraufhin in hohem Bogen durch die Luft, verharrte kurz im Zenit und knallte dann auf ihrem Sturzflug nach unten gegen Alfies Schläfe. Genau auf die Beistelltischbeule von gestern, woraufhin die Haut aufplatzte und Blut floss. Esterhuysen schnappte reaktionsschnell mit der behandschuhten Rechten sein Bierglas, bevor es umfallen und seinen Kaschmirmantel beflecken konnte. Offenbar dämmerte ihm langsam der Ernst der Situation. Er winkte der Bäckereifachverkäuferin hinter dem Tresen. „Fräulein!"

Die weibliche Fachkraft – kein Fräulein, sondern eine Frau, eher schon eine Walküre – kam sofort angerannt, riss den panischen Alfie vom Stuhl, stellte sich hinter ihn, schlang die Arme um ihn und drückte zu.

Geschossartig verließ die Kiwi Alfies Schlund. Und erneut bewies Esterhuysen Reaktionsschnelligkeit. Er duckte sich seitwärts weg, und die Kiwi traf die Stirn eines sichtlich bayrischen Touristen, wo sie – eine Schleimspur wie eine Schnecke hinterlassend – nach unten rutschte, auf dem Nasenrücken an Tempo gewann und gleich einem Schanzenspringer abhob, um unmittelbar darauf punktgenau im Schritt des Mannes zu landen. Danach verlor sich ihre Spur.

Esterhuysen hob den Zettel, den er Alfie zugeschoben hatte und der zu Boden gesegelt war, auf und steckte ihn in seine Manteltasche. Dann lächelte er die Bäckereiverkäuferin an. „Wirklich großartige Leistung, dankeschön!", sülzte er, im übertragenen Sinne eine ähnlich klebrige Schleimspur hinterlassend wie die Kiwi.

„Ich mach hier nur meinen Job", erklärte sie ungerührt, wischte sich die mehligen Hände an der Schürze ab und marschierte wieder hinter ihre Theke.

„Hm, glauben Sie, ich könnte mein Glück bei ihr versuchen, und sie fragen, wann sie Feierabend hat?", erkundigte sich Esterhuysen bei Alfie.

Alfie stützte sich im Stehen mit beiden Händen auf dem Tisch ab und atmete schwer. Dem Tod erneut knapp von der Schippe gesprungen, dachte er. Bananen- und Orangenstückchen hingen ihm im Haar.

Esterhuysen sah zur Theke, dann wieder Alfie an.

„Ich mag Frauen der Arbeiterklasse, grobschlächtig und mit Pranken, die zupacken können. Mit denen fühle ich mich so herrlich schmutzig. Meinen Sie, der Funke ist übergesprungen? Ich spüre oft ... wie soll ich es ausdrücken ... eine Chemie zwischen einer Frau und mir ... häufig leider mit unguten Folgen." Esterhuysen seufzte. „Nebenbei bemerkt: Pfefferspray schmeckt überhaupt nicht nach Pfeffer."

Alfies Erfahrungen mit Frauen beschränkten sich – mal abgesehen von Frau Schröpp – auf ein bisschen Knutschen früher in der Schule, mit Mädchen, die sonst keiner wollte, und auf zwei kurzlebige Begegnungen mit unscheinbaren Frauen, eine davon Buchhändlerin und viel älter als er, die andere käuflich. Das war ihm erst hinterher klar geworden, als sie ihn, weil er so viel Bargeld nie mit sich führte, unter Androhung von Gewalt zum Geldautomaten begleitete. Seither bewahrte er seine Ersparnisse im Ukulele-Kasten auf. Aber selbst er spürte, dass die stämmige Bäckereifachverkäuferin, sollte Esterhuysen sie noch einmal ansülzen, ihn zu Schmalzkeksen verarbeiten würde. Ohne Narkose und im eigenen Fett gebraten.

„He!", rief es von der Theke.

Alfie sah auf.

Die Frau der Arbeiterklasse winkte mit einem Wischtuch und einer Kehrrichtschaufel. „Ich bin gerade allein im Cafe, könnten Sie wohl Ihre Sauerei selbst beseitigen? Sehr freundlich, danke!"

Esterhuysen hob eine Augenbraue und schnurrte.

„Denken Sie darüber nach", sagte Esterhuysen, bevor sich ihre Wege trennten, „aber denken Sie schnell, mein Angebot hat ein Verfallsdatum."

Sie standen auf dem Seefelder Dorfplatz. Es nieselte, darum waren die Bänke leer. Die Blumen in den Beeten schauten geknickt aus. Wer draußen unterwegs sein musste, ging schnell und mit gesenktem Kopf.

Alfie kratzte sich an der Stirn und merkte zu spät, dass er sich an der vorhin aufgeplatzten Beule kratzte, die daraufhin wieder zu bluten begann.

Esterhuysen lächelte ihn an. Wieso nur kam ihm dieses Lächeln pythonartig vor, so, als ob er gleich am Stück verschlungen werden sollte?

„Bis wann brauchen Sie meine Antwort?"

Esterhuysen lachte auf. Seiner eleganten Erscheinung konnte der Nieselregen nichts anhaben, es war, als machten die Tropfen bewusst einen Bogen um die schulterlangen Haare und den teuren Kaschmirmantel.

Alfie war dagegen bereits gründlich durchnässt. Ein Look, der ihn noch jünger und noch inkompetenter erscheinen ließ.

„Sie haben doch wohl die Summe nicht schon vergessen mein Junge, oder? Eine solche Summe zeugt natürlich von einer gewissen Dringlichkeit."

Wirklich merkwürdig, das Lächeln seiner Mundwinkel war in den Augen so gar nicht wiederzufinden. Die blickten kalt, leblos, als ob dahinter niemand wohnte.

„Bis morgen also?", fragte Alfie. Das würde eine grübelintensive Nacht werden.

„Bis morgen?" Esterhuysen lachte bellend. „Das verstehen Sie unter Dringlichkeit? Nein, mein Junge." Er hob den Arm und sah auf sein sündhaft teures Chronometer. Es war eine Patek Philippe Sky Moon in der Platinversion, Wert 700.000 Euro – aber das wusste Alfie nicht. „In zehn ... neun ... acht ..."

Alfie glaubte, seinen Ohren nicht zu trauen. „Wie? Jetzt sofort?"

„... sieben ... sechs ... fünf ..."

„Aber ..."

„... vier ... drei ... zwei ... eins. Nun?"

Alfie starrte Esterhuysen mit offenem Mund an. „Das können Sie doch nicht ernst meinen? Ich muss erst ..."

„Unsinn!", unterbrach Esterhuysen. „Große Geister *müssen* gar nichts! Was wollen Sie tun? Sich mit jemandem beraten? Ein anderer soll die Entscheidung über Ihr Lebensglück mitfällen? Wenn es in die Hose geht, teilt dieser andere dann auch Ihr Unglück mit Ihnen? Wohl kaum. Hören Sie, das ist Ihre Chance auf Freiheit, auf die Erfüllung all Ihrer Wünsche! Was gibt es da noch zu überlegen?"

Esterhuysen sprach mit nachgerade hypnotischer Stimme. Der Müllmann, der gerade den Mülleimer an der Ecke entleeren wollte, blieb stehen, lauschte und nickte. Er hätte sofort eingeschlagen und Esterhuysen sogar seine Seele verkauft. Und dabei wusste er noch nicht einmal, um was für eine phantastisch hohe Summe es ging.

„Wenn eine unwiederbringliche Gelegenheit an die Tür klopft, dann wägt man nicht erst lange das Für und Wider ab. Man sagt ,ja' zu seinem Schicksal und nimmt es freudig an. Gänswein, Sie sind zu Größerem berufen. Kneifen Sie jetzt nicht! Sie sind Ihrer Vergangenheit nicht hilflos ausgeliefert, wie Sie ja auch nicht einem Album mit alten Fotos ausgeliefert sind. Schießen Sie neue Fotos! Jede Menge davon! Ändern Sie Ihr Leben!"

„Aber ...", wollte Alfie einwenden.

„Was sind Sie? Der Geist, der stets verneint? Sie glauben, Sie können nicht aus Ihrer Haut? Falsch! Nichts ist Fakt und Gesetz für echte Kerle. Echte Kerle schaffen ihre eigenen Fakten, schreiben ihre eigenen Gesetze!"

„Ja!", rief der Müllmann aus voller Kehle. „Ja, ja, und nochmals ja!"

Ein paar Passanten schauten neugierig zu ihnen herüber. Der Müllmann zog mit energischen Schritten weiter. Gott allein wusste, was er mit seiner neu gewonnenen Tschakka!-Einstellung tun würde und ob die Mülleimer in Seefeld auch morgen noch geleert würden.

„Sind Sie im richtigen Leben Motivationstrainer?", fragte Alfie.

Esterhuysen wischte das bescheiden beiseite. „Ich sage nur, wie es ist. Nun? Wie lautet Ihre Entscheidung?" Er zog den zerknitterten Zettel aus seiner Manteltasche.

Alfie starrte ihn an. Esterhuysen, nicht den Zettel. Freiheit, gut und schön. Aber was sollte er mit seiner Freiheit anfangen? Ganz ehrlich, er konnte sich seine Person nicht an den Spieltischen von Monte Carlo oder auf einer Yacht in der Karibik oder in der Penthouse-Suite eines Luxushotels in Dubai vorstellen. Da würde er sich fehl am Platz fühlen. Wohingegen Bodenplatten zu verlegen, damit man vom Gatter zum Waldschlössleingang kam, ohne bei Regen im Schlamm zu versinken, oder kochen zu lernen – vorzugsweise Suppen oder Brei, damit seine Alten mit ihren dritten Zähnen es auch essen konnten –, das lag durchaus im Rahmen von Alfies Vorstellungskraft. Das würde ihm vermutlich sogar Freude machen. Endlich richtig gebraucht werden, etwas bewirken können.

„Nein", sagte Alfie daher bestimmt.

„Wie bitte?" Wäre Esterhuysen nicht erst in der Vorwoche zur Botox-Unterspritzung bei einem berühmten Schönheitschirurgen in Los Angeles gewesen, hätte er jetzt die Stirn gerunzelt.

„Es tut mir leid, aber ich verkaufe nicht. Danke für das Angebot." Alfie zögerte kurz, wusste nicht, ob man sich in einem solchen Fall männlich die Hand schüttelte – nichts für ungut! – oder ob er einfach wortlos seines Weges gehen sollte. Er entschied sich für ein halbherziges Winken und machte sich auf den Weg ... nach Hause.

Ja, dachte Alfie, ich habe jetzt ein neues, richtiges Zuhause.

Wo ein Haufen Auftragskiller auf ihn wartete, die ihm eigentlich verboten hatten, allein auf Tour zu gehen, solange sie ihm nicht vertrauten, und die ihn vielleicht, vielleicht aber auch nicht, irgendwann im Schlaf ermorden würden. Aber sie hatten sonst niemand auf der Welt und er hatte sonst niemand auf der Welt. Sie waren jetzt ... eine Familie.

Alfie fragte sich keine Sekunde lang, warum sie sich nicht schon längst auf die Suche nach ihm gemacht hatten ...

Manchmal, wenn man eine lebensverändernde Entscheidung getroffen hat und instinktiv weiß, dass diese Entscheidung richtig war, wird der Schritt ganz leicht, die Luft schmeckt süß und die Vögel zwitschern.

Alfie schritt kraftvoll aus. Er hätte gern auch laut gesungen, aber das traute er sich nun doch nicht. Was sollten die Leute denken? Außerdem musste er auf sein Renommee achten – er war jetzt Schlosshotelbesitzer in Tirol und musste Ehrwürdigkeit ausstrahlen.

Freiheit, pah! Was war das schon? Niemand war wirklich frei, jeder war abhängig – wenn nicht von Geld und Gegebenheiten, dann von anderen Menschen. Alfie war sicher, dass ihn seine Greise hochleben lassen würden. Er hatte eigenhändig ihre Zukunft gerettet.

Dass es für ihn kein Opfer war, sondern die pure Freude, musste er ihnen ja nicht unbedingt auf die Nase binden.

Was wohl die Konkurrenz dazu sagen würde, dass jetzt ein neuer Hahn in der Stadt war? Unwillkürlich schob sich Alfies Brust gockelhaft nach vorn. Er konnte ja mal unauffällig vorbeigehen an den anderen Hotels und Pensionen. Irgendwann. Nicht heute. Heute wollte er feiern. Natürlich würde er sich in seinem Schlosshotel auch weiterhin auf ein Nischenzielpublikum konzentrieren und dieses nur behutsam erweitern. Vielleicht von Auftragskillern zu Auftragskillerauftraggebern. Oder so ähnlich.

Vor lauter Planungsfreude bog Alfie nicht rechtzeitig ab, sondern marschierte immer weiter geradeaus, bis er – ungefähr auf Höhe des Restaurants Strandperle – merkte, dass er zu weit gegangen war. Drüben, auf der anderen Seeseite, sah er sein Schloss. Nun ja, man sah vornehmlich Nadelbäume, aber dahinter blitzte etwas Gelbweißes auf. Das Waldschlössl.

Alfie juchzte innerlich.

Er beschloss, wo er schon so weit gekommen war, einmal den Wildsee zu umrunden. Schließlich musste er seine neue Heimat kennenlernen. Und an einem Nieselregentag wie heute waren extrem wenig Menschen unterwegs. Das kam ihm entgegen. Mit Menschen konnte er nicht besonders gut, das war ihm durchaus klar.

Er kam an einer Minigolf-Anlage auf Tischen vorbei, die man im Stehen bespielen konnte, ohne sich vorbeugen zu müssen. Genial für Senioren! Und Rückenkranke! Zündende Ideen dieser Art brauchte er für seine Residenz auch, aber das hatte noch Zeit.

Alfie atmete die feuchte Luft ein und ging beschwingt weiter, umrundete Enten, die völlig angstfrei auf dem

Fußweg standen, stepptanzte über diverse Holzbrücken, gelangte endlich an das Waldstück, wo Eichhörnchen ebenso angstfrei wie die Enten mittig auf dem Fußgängerweg thronten und Wegeszoll in Form von Futter verlangten, und erreichte schließlich die Kneipp-Anlage. Und gerade, als er dachte, dass Kneipp für seine Rentner wie gemacht war, und sich über einen Stein beugte, um die daran angebrachte Plakette zu lesen – *Belebtes Wasser nach Johann Grander* – spürte er plötzlich einen dumpfen Schlag auf dem Hinterkopf und ging zu Boden.

Ganz und gar nicht mehr belebt.

8
Das Leben als Leiche

Sein Leben als Leiche begann mit einem leisen Gluckern.

Es war nicht einmal unschön, dieses Gefühl, in einer Badewanne zu stehen, deren Wasser schon einen Tick zu kalt war, so dass man den Arm ausstrecken und etwas heißes Wasser zulaufen lassen wollte. Dennoch wogte man wohlig in der leichten Strömung. Ob sich so ein Embryo im Mutterleib fühlte?

Alfie schlug die Augen auf.

Moment mal ... wieso hatte er das Gefühl, in einer Wanne zu *stehen*? Und warum reichte ihm das Wasser bis über den Kopf?

Er war noch zu benommen, um in Panik auszubrechen, als er bemerkte, dass ihm jemand eine Klarsichtplastiktüte über den Kopf gestülpt hatte, die mit Klebeband so eng um seinen Hals geschnürt war, dass sich eine Luftblase darin gebildet hatte, die ihn – *noch* – mit Sauerstoff versorgte. Das war auch dringend nötig, denn er befand sich – das schloss er aus dem Fisch, der in Augenhöhe an ihm vorbeischwamm – mitten im Wildsee. Seine Füße waren gefesselt und mit einem großen, kantigen Stein beschwert worden.

Alfie konnte nicht ausschließen, dass er sich im Moment der Erkenntnis ein wenig einnässte. Was optisch natürlich nicht weiter auffiel, nur so vom Feeling her. Fiel das jetzt unter Gewässerverunreinigung?

Wenn der Maxl das noch erlebt hätte!

Der Maxl, das war natürlich Maximilian I., der den Wildsee – der 1022 erstmals erwähnt wurde und der dem Ort Seefeld vermutlich seinen Namen gab – für die Fischzucht nutzen und Neunaugen einsetzen ließ, die die Eingeborenen Lampreten nannten. Ein Lampret, das aß sich ja auch leichter als ein Neunauge. Neun Augen, bäh. Wer wollte sowas schon essen? Dessen Zeit als beliebter Speisefisch war daher auch begrenzt. Heute wurde der Wildsee als Badesee genutzt.

Alfie atmete zu heftig, als dass ihm aufgefallen wäre, wie absurd es war, ausgerechnet in einer solchen Situation den Inhalt des Faltblattes zu memorieren, das er in der Kanzlei von Anwalt Rinnerthaler durchgeblättert hatte.

Aufgrund des moorigen Charakters des Sees betrug die Sichtweite gerade mal ein bis drei Meter, die maximale Tiefe jedoch fünf Meter. Da blieben zwei Meter im Dunkeln.

Nicht wirklich ganz im Dunkeln, man konnte – weit oben – noch Tageslicht erkennen. Unten am Seegrund allerdings war es trüb.

Alfie zwang sich, ruhig zu atmen. Okay, das nannte man dann wohl „Mafiabegräbnis" – nur mit Felsbrocken statt mit Zementfuß. Wie lange würde die Atemluft in seiner Plastiktüte voraussichtlich reichen? Er betrachtete seine Hände. Sie waren mit einem bunten Halstuch zusammengebunden, dessen Stoff sich aber offenbar dehnte, wenn er mit Wasser vollgesogen war – fast mühelos konnte Alfie es lösen.

Das änderte jedoch erstmal nichts an seinem begrenzten Sauerstoffvorrat. Er ruderte ein wenig mit den Armen und kam zu dem Schluss, dass seine Atemluft in der Klarsichttüte wohl fünf Minuten reichen würde. Diese Annahme basierte weder auf Volumenberechnungen noch auf Erfahrungswerten – sexuelle Erregung durch Asphyxie würde nie Eingang in seine To-do-Liste finden, das schwor er sich in diesem Moment. Es war einfach eine Zahl, die ihm durch den Kopf schoss. Fünf Minuten.

Von denen aber – wegen plötzlicher Schreckatmung – mindestens Sauerstoff für eine Minute und 30 Sekunden abgezogen werden musste, als Alfie sich umsah und realisierte, was ihn da im Trüben umgab.

Anfangs hatte er gedacht, irgendwas wachse da auf dem Seegrund, eine Art Algenwald oder so. Das war aber kein Reet oder Schilf – es waren tote Menschen.

Mehrheitlich Männer.

Alle mit unterschiedlich großen Felsbrocken an den Füßen und Plastiktüten über den Köpfen. Sie zeigten unterschiedliche Grade der Verwesung. Der Mann links neben ihm – weißer Leinenanzug, Lackschuhe mit weißen Gamaschen – war schon komplett skelettiert. Der Mann zu seiner Rechten schien dagegen noch vergleichsweise frisch, will heißen fleischig. Seine Plastiktüte war aufgeplatzt, ein Fisch dümpelte darin und knabberte den Toten in Augenhöhe an. So schließt sich der Kreis, hätte Alfie denken können, wenn er zum Denken noch in der Lage gewesen wäre, Neunauge frisst Augapfel.

Aber Alfie war im Panikmodus und dachte gar nichts. Dass er überhaupt noch funktionierte, hatte er angeborenen Überlebensmechanismen zu verdanken. Die schickten von irgendwoher Ein-Wort-Befehle an sein Gehirn: Bücken, Fußfesseln lösen, nach oben schwimmen, Tüte vom Kopf reißen, atmen, leben!

Allerdings geriet die Befehlskette schon bei „bücken" ins Stocken. Alfie war nicht direkt ein Bewegungsverweigerer, aber Sport war eben nicht so seins. Da hielt er es mit Winston Churchill. Hin und wieder mit ein paar alten Klassenkameraden zum Kegeln, das war's dann aber auch schon. Darum erwies es sich für ihn bereits als schwierig, gegen den Wasserwiderstand in der Körpermitte abzuknicken, geschweige denn geknickt zu bleiben und zu versuchen, mit bloßen Händen kunstfertig geknüpfte Knoten zu lösen. Aus einem Plastikseil geknüpfte Knoten. Plastik, das erst in 10.000 Jahren zu verrotten begann, wenn die Mörder längst selbst unter ihre Vorfahren eingegangen waren und es ihnen nichts mehr ausmachte, wenn sich die Skelette von den Felsbrocken lösten und an die Wasseroberfläche trieben.

Alfie schätzte, dass ihm noch Luft für zwei Minuten blieb.

Das war jetzt blöd.

Er sah immer noch keine Slideshow der bewegendsten Momente seines Lebens vor seinem inneren Auge, das wertete er als gutes Zeichen. Wenn ihn die Schicksalsgöttinnen wirklich jetzt und hier sterben lassen wollten, hätten sie ihm diese Bilderkaskade geschickt, war doch klar. Wusste jeder. Erst die große Rückschau, dann das Licht am Ende eines Tunnels, dann ewiges Nirwana.

Nein, er würde irgendwie überleben. Nur wie?

Ein Fisch kam angeschwommen und schien ihn – unzufrieden – zu mustern. An Alfie war nicht viel Fleisch, damit konnte man die hundert oder mehr Eier, die man als Fisch legte, nicht wirklich ausreichend füttern. Alfie war versucht, dem Fisch die Zunge herauszustrecken. Widerliches, glitschiges Schuppentier.

Und da kam Alfie ein Gedanke. Apropos glitsch.

Er war ein großer Anhänger von Feuchtigkeitscreme. Vielleicht ein allzu großer. Das kam daher, dass er an trockener Haut litt, und wenn er sich nicht ausreichend eincremte, dann juckte es höllisch. Weswegen er in quasi religiöser Andächtigkeit jeden Morgen tubenweise Creme auf seinem Körper verteilte. Außerdem trug er nie Socken, immer nur Füßlinge. Das Plastikseil lag also auf seiner Haut auf. Es war zwar mit einem festen Knoten verschnürt, aber nicht allzu eng um seine Knöchel geschlungen. Vielleicht ... wenn er unter Zurücklassung seiner Bequemschuhe ...

Alfie wand sich wie ein Aal. Die Luft in der Plastiktüte wurde unter der Anstrengung zunehmend dünner. Er spürte, wie er müde wurde, aber ein Blick auf den Angeknabberten, der neben ihm – jetzt einäugig – im Wildsee wogte, verlieh ihm ein Durchhaltevermögen, das Alfie bislang fremd gewesen war. Und ja ... da geriet etwas in Bewegung.

Alfie gelang mit seinen schmächtigen, flutschig eingecremten Beinen das scheinbar Unmögliche: Ein Bein glitt aus der Schlinge. Schuh und Füßling waren zurückgeblieben und sanken auf den schlammigen Grund, auch etwas Hautabrieb fehlte, aber der Fuß war frei. Jetzt nur noch einer. Alfie versuchte, ruhig zu bleiben und nicht hektisch zu strampeln, sondern rhythmisch – wie Nurejew, der Balletttänzer – auch sein zweites Bein aus der Schlinge zu lösen. Wie gut auch, dass er nie Schuhe zum Zubinden kaufte, sondern immer Loafer, in die man einfach nur hineinschlüpfen musste! Zum Freuen blieb aber keine Zeit – die Tüte klebte mittlerweile luftleer an seinem schmalen Kopf.

Die Beine anwinkelnd und abstreckend und wieder anwinkelnd und abstreckend, ähnlich wie eine Kaulquappe, stieg Alfie nach oben an die Wasseroberfläche.

Gleich darauf riss er sich die Tüte vom Kopf. Geschafft! Er war noch am Leben!

In tiefen Zügen holte er Luft. Er sah sich um. Weit und breit niemand, kein Boot, das dümpelnd abgewartet hatte, ob er sich befreien konnte, niemand am Ufer, der zu beenden gedachte, was er angefangen hatte. Nur zwei Stockenten zogen vorbei und betrachteten Alfie ungnädig, wie schicke Vorortbewohner, die sich über einen neuen, unschicklichen Nachbarn wunderten und insgeheim überlegten, ob es nicht Zeit war, umzuziehen.

Keuchend schwamm Alfie ans rettende Ufer.

Als er klatschnass und barfüßig aus dem Wildsee stolperte, war ihm völlig klar, wer ihn da hatte umbringen wollen: seine Auftragskillerpensionäre. Aus Angst, er könnte sie bei der Polizei verpfeifen.

Und das, obwohl er selbstlos auf eine Riesensumme verzichtet hatte, nur um ihren Alterssitz zu retten.

Na wartet!

9

Die Wahrheit und nichts als die Wahrheit

(Aber mal ehrlich: Wer will das?!)

„Und? Hat mich wer vermisst?"

Alfie legte all seinen Hohn in diese Frage. Es war ein großer Auftritt – mit lautem Knall schlug er die Eingangstür hinter sich zu und stapfte pfützenbildend in den Salon. Auf den wenigen Metern vom See zum Waldschlössl hatte er sich ausgemalt, wie die Senioren auf seinen Anblick reagieren würden: überrascht natürlich, denn sie wähnten ihn tot. Ungläubig. Fassungslos. Entsetzt. All das, ja. Aber nicht gelangweilt.

Niemand beachtete ihn.

„Hallo-o!", nölte Alfie ungnädig. Es war doch immer wieder enttäuschend, wenn sich die Dinge nicht so entwickelten, wie er es erwartet hatte.

„Ah ... da bist du ja wieder", sagte Jeff Bridges, der vor dem flackernden Kamin saß und die *Tiroler Tageszeitung* durchblätterte. Er sah aber nur kurz hoch und wandte sich dann wieder einem Artikel über die Lokalpolitik zu. Sonst achtete keiner auf Alfie.

Mandy betätigte sich als Alleinunterhalterin, was ja auch ihr Job war. Sie hatte vor dem Panoramafenster einen tragbaren CD-Player aufgestellt und sang zu einer Karaoke-CD – inbrünstig, aber weit entfernt von den richtigen Tönen – einen Mariah-Carey-Song. Sie konnte keinen Ton halten und hechelte dem Takt immer hinterher, aber sie trug wieder den Push-Up-BH, der sie für die Goldmedaille prädestinierte, sobald das Melonen-Wippen olympisch wurde. Versonnen lächelnd saß Mosche Dajan in dem Fauteuil, der ihr am nächsten stand. Sein kahler Kopf mit der Augenklappe wippte rhythmisch mit. Yussef saß schmollend auf der Rückenlehne des Sessels – sichtlich mit hochstehenden Nackenhaaren.

Die Herzoginwitwe und Mireille Mathieu pflegten ihre Sudoku-Leidenschaft vor dem Kamin.

„Ich bin nicht tot, da staunt ihr, was?", rief Alfie, etwas lauter, weil seine Senioren ja Senioren und mithin schwerhörig waren ... und um Mandy zu übertönen.

Die schreckte zusammen, verstummte und schaltete rasch den CD-Player aus. „Was?"

„Ich lebe!", erklärte Alfie mit großer Geste – wie ein Musical-Darsteller, der soeben ein packendes Solo furios zu Ende gesungen hat: Beine leicht gespreizt, Arme ausgebreitet. Nur dass er noch dazu heftig tropfte. Unter ihm hatte sich schon eine veritable Pfütze gebildet.

„Regnet es?", fragte die Herzoginwitwe und schaute über den Rand ihrer Lesebrille aus dem Panoramafenster. Da es draußen Nacht war, sah sie dort allerdings nur ihr eigenes Spiegelbild.

Mosche Dajan klatschte in die Hände und rief: „Zugabe!" – natürlich rief er das Mandy zu, nicht Alfie.

Alfies Unterlippe begann zu zittern. So wollten sie das also handhaben? Den Vorfall einfach totschweigen? So tun, als sei nichts gewesen, als habe er sich alles nur eingebildet? Bitteschön, das konnten sie haben! Er würde sich etwas Trockenes anziehen und gleich darauf Esterhuysen anrufen und diesen vermaledeiten Kasten verscherbeln!

„Mandy hat Brot und Speck gekauft, wir haben dir etwas auf dem Küchentisch stehen lassen", sagte da Mireille Mathieu.

Brot und Speck, als ob man ihn mit einem Almosenhappen ruhigstellen konnte, dachte Alfie erbost. Doch gleich darauf fragte sein Magen begeistert nach: Brot und Speck? Und damit war die Sache entschieden.

Alfie stapfte in die Küche und schlang sich ein Küchenhandtuch um den Kopf. Hose und Flanellhemd – seine Windjacke lag vermutlich noch am Ufer des Wildsees – zog er aus und warf sie in die Spüle. Dann setzte er sich in seinem nassen, weißen Schießer-Baumwollslip mit Eingriff an den Küchentisch, auf dem Yussef thronte und sich am Brot verging.

Mir doch alles egal, dachte Alfie trotzig. Halbnackt und noch ganz klamm, wie er war, langte er kräftig zu, insoweit Yussef ihn ließ. Yussef musste ein Einzelrattenkind gewesen sein, er teilte nicht gern. Wenn Alfie die Hand nicht schnell genug zurückzog, versenkte Yussef seine Beißerchen darin. Aber man konnte Yussef nicht böse sein – mit seinen Knopfaugen und dem verfetteten Bäuchlein wirkte er wie ein zum Leben erwachtes Steiff-Knuddeltier.

Alfie stopfte Tiroler Speck auf italienischem Ciabatta in sich hinein, und es war ihm egal, ob das zu deutschen Speckröllchen auf seiner Hüfte führen würde. Nichts vermochte den Appetit so sehr zu wecken, wie dem Tod von der Schippe gesprungen zu sein.

Jeff Bridges kam herein, erfasste die Situation mit einem Blick und setzte sich Alfie gegenüber an den Küchentisch. Yussef rollte sich auf den Rücken. Nichts schätzte er mehr als eine zarte Bauchmassage nach dem Essen. Das half ihm bei der Verdauung. Jeff Bridges tat ihm den Gefallen.

„Jungelchen, ich bin deiner Tropfenspur in die Küche gefolgt. Gibt es da etwas, was du mir sagen möchtest?"

Alfie kaute trotzig und schweigend.

Jeff Bridges nickte. „Lass dir Zeit." Er stand – sehr zum Verdruss von Yussef – auf und ging zu einem der Küchenschränke, aus dem er eine Flasche Whisky holte.

Strathisla, las Alfie. Völlig unaussprechlich, auch in Gedanken.

Großzügig füllte Jeff Bridges zwei der Humpen, die hier im Haus offenbar alle Gläser ersetzten, mit der bernsteinfarbenen Flüssigkeit, nahm wieder Platz und zog aus den Tiefen seiner Jeans ein Päckchen Zigaretten und ein Feuerzeug.

Alfie hätte sich beinahe verschluckt. „Rauchen? In der Küche?" Eine Todsünde, die von einer noch tödlicheren Kardinalssünde getoppt wurde!

„Jungelchen, du musst dringend lernen, lockerer zu werden!" Genüsslich sog Bridges an seiner Filterlosen. „Sonst wirst du nicht alt."

Alfie sah ihn nur aus vorwurfsvollen blauen Augen an und spachtelte den Rest des Brotes.

„Es gibt da womöglich etwas, worüber ich dich aufklären sollte." Jeff Bridges leerte sein Glas. „Ich glaube nämlich, die Sache gestern im Casino ... das war ein Versehen."

Alfies Augenbrauen suchten und fanden den Weg zu seinem Haaransatz. „Der Giftmord? So hochdosiert, dass der Mann binnen weniger Minuten tot war? Das soll ein Versehen gewesen sein?"

Jeff Bridges kraulte seinen Ziegenbart. „Nein, nicht der Mord an sich und auch nicht die Dosierung. Ich glaube, das Opfer war nicht die Zielperson. Die Zielperson warst du."

„Ha!", rief Alfie und schlug mit der flachen Hand auf den Tisch. Yussef hob vor Schreck von der Tischplatte ab. „'tschuldigung", sagte Alfie, aber da war Yussef schon beleidigt abgezogen. Aus Scham darüber, ein argloses Tier traumatisiert zu haben, hatte Alfie den Faden verloren. Was hatte er gleich noch einmal sagen wollen?

„Ich habe darüber nachgedacht. Die Gläserbatterie auf dem Tresen. Du, der du – ist nicht persönlich gemeint – links nicht von rechts unterscheiden kannst. Und dann war da noch die Sache mit dem Anwalt."

Alfie stutzte.

„Du hattest was vergessen und warst nochmal in seinem Büro. Und quasi im selben Moment wird er erschossen."

„Das hätte ich doch gemerkt!", widersprach Alfie.

Jeff Bridges schaute skeptisch. „Da wäre ich mir nicht so sicher …"

Alfie fiel jene Schrecksekunde am Bahnhof München wieder ein, als ihn beinahe jemand vor den Zug geschubst hatte. Er begann zu frösteln und merkte, dass er immer noch nur im Baumwollslip am Küchentisch saß. Und ihm fiel wieder ein, warum das so war: Man hatte ihn, mit einem Felsbrocken beschwert, auf dem Grund des Wildsees versenkt!

Ja, es ließ sich nicht leugnen: Jemand wollte ihn tot sehen. Und Alfie wusste auch genau, wer das war: seine Auftragskillerrentner!

„Du willst doch nur davon ablenken, dass *ihr* mich ermorden wollt!" Alfie sprang auf die Beine. Sein Küchenstuhl fiel klappernd zu Boden. „Ihr habt gemerkt, dass ich mich aus dem Haus geschlichen habe. Da seid ihr mir gefolgt und habt mitbekommen, dass ich über den Verkauf des Schlosses diskutiert habe, und ihr dachtet, das könntet ihr verhindern, indem ihr mich sang- und klanglos im See versenkt." Alfie kam ein erschreckender Gedanke. „Womöglich ist mein Onkel Matze auch da unten! Ihr wolltet das Waldschlössl ganz für euch allein!"

Er wich nach hinten zurück, bis er mit dem mageren Po an die Spüle stieß.

„Wovon redet er da?", fragte Mireille Mathieu, die lautlos in die Küche gekommen war.

„Was ist hier los?", wollte die Herzoginwitwe wissen. „Wir haben Lärm gehört."

„Gott, dir muss doch kalt sein", rief Mandy. Sie lief zur Anrichte und zog aus einer der Schubladen eine weiße Küchentischdecke mit Spitzenborte, die sie Alfie um den hageren Körper schlang.

„Wo ist Yussef?", fragte Mosche Dajan.

„Kinder, nicht alle durcheinander!", sprach Jeff Bridges ein Machtwort. „Jungelchen, jetzt mal schön der Reihe nach: Du warst im See?"

Mandy kicherte. Als sie die konsternierten Blicke der anderen sah, wurde sie rot. „Verzeihung, ich musste an den Band von Asterix und Obelix denken, wo sie bei den Schweizern sind: *In den See, in den See – mit Gewichten an den Füßen.*"

Alfie nickte, öffnete den Mund, wollte alles erzählen – doch dann fiel sein Blick auf Mandy, und er verbot sich jedes weitere Wort. Sie hatte schließlich keine Ahnung, in welches Schlangennest sie hier geraten war. Sie war nur eine glücklose Entertainerin in ihrer ersten Anstellung.

„Äh ...", begann Alfie stockend, „was ich jetzt zu sagen habe, geht das Personal nichts an. Vielleicht ziehst du dich kurz auf dein Zimmer zurück?"

Fassungslos starrte Mandy ihn an. „Das ist jetzt nicht dein Ernst, oder?"

Alfie wurde rot. Frauen hatte er noch nie widersprochen. Wenn Fleischereifachverkäuferinnen sich weiträumig verschätzten und ihn fragten, ob es auch zweihundert Gramm mehr sein dürften, sagte er immer ja. Aber hier und jetzt musste er Männlichkeit beweisen. Schlotternd und im Slip, aber standfest!

„Doch, das ist mein Ernst", erklärte er folglich.

„Bitte sehr, bitte gern, wie der Herr Chef wünschen", sagte Mandy sarkastisch und zog beleidigt ab.

Alfie atmete erleichtert auf, weil es so glimpflich abgelaufen war. Was er vermutlich nicht getan hätte, hätte er zu diesem Zeitpunkt schon gewusst, dass Mandy sich schnurstracks zum Stockwerk mit seinem Zimmer begeben würde, um der dort auf der Lauer liegenden traumatisierten Ratte Zugang zu Alfies Aller-heiligstem zu gewähren, wo Yussef – um sein seeli-sches Gleichgewicht wiederzufinden – genüsslich Al-fies letztes noch verbliebenes Paar Schuhe in tausend kleine Teile zernagen würde ...

„Spuck's aus!", befahl Jeff Bridges. „Was ist eben passiert?"

„Ich sollte zu Fischfutter verarbeitet werden!" Al-fie zitterte unter dem Tischtuch.

„Hier, nimm einen Schluck!" Mireille Mathieu reich-te ihm das Whiskyglas.

„Ich will nicht!", bockte Alfie, der all seinen Mut sammelte, um ihnen die nackte Wahrheit um die Oh-ren zu klatschen.

„Dann nehme ich", beschloss die Herzoginwitwe und fuhr ihren mageren, in goldenen Brokat gehüllten Arm aus.

„Trink du mal schön dein eigenes Zeugs", sagte Jeff Bridges und schnappte ihr das Whiskyglas vor der Nase weg.

„Yussef?", rief Mosche Dajan und sah in den Ecken nach.

„Jungelchen, dir brennt doch was auf der Seele. Raus damit, das gibt sonst nur Pickel." Jeff Bridges drückte die Zigarette aus. Auf seiner Handfläche.

Alfie schluckte. Aus dem Augenwinkel sah er, dass er direkt neben dem Messerblock stand. Er würde nicht kampflos sterben. Wenigstens hatte er niemanden im Rücken und konnte nicht schon wieder bewusstlos geschlagen werden.

„Gebt es doch zu, *ihr* wolltet mich umbringen! Es ist euer Friedhof, da unten auf dem Seegrund!"

„Was plappert er da?", fragte die Herzoginwitwe in die Runde.

„Mich würde eher der Nebensatz von vorhin interessieren", sagte Jeff Bridges. „Du willst das Waldschlössl verkaufen?"

„Yussef?", rief Mosche Dajan, der langsam panisch klang, und lief auf den Flur hinaus.

Alfie fasste sich ein Herz und erzählte. Erst, in dramatischen Worten, vom See und dem Felsbrocken und den Dutzenden viertel-, halb- und ganzskelettierten Toten um ihn herum. Und dann vom Gespräch mit Esterhuysen.

„Esterhuysen?" Alle merkten auf.

„Ja. Groß, elegant, Kaschmirmantel ... lange Haare", beschrieb Alfie.

„Da brat mir einer einen Storch", staunte Mireille. „Augusto Esterhuysen. Höchstselbst!"

„Warum um alles in der Welt traut der sich aus seiner Höhle?", sinnierte die Herzoginwitwe. „Er muss unseren Kleinen für harmlos halten, wenn er einfach so mit ihm spricht."

„Unser Jungelchen *ist* harmlos", erklärte Jeff Bridges und goss sich noch einmal großzügig Strathisla ein. „Da steckt mehr dahinter. Warum will er unsere Bruchbude kaufen?"

„Ist der Esterhuysen jemand Prominentes? Müsste ich den kennen?" Alfie hatte, was er allerdings auch unter Folter niemals zugeben würde, früher sehr gern die Frauenzeitschriften seiner Großmutter gelesen – Klatsch und Tratsch aus Königshäusern und Hollywoodpalästen. Der Name Esterhuysen war da nie vorgekommen.

„Jungelchen, Esterhuysen ist eine Legende", klärte Jeff Bridges ihn auf. „Jahrelang glaubte alle Welt, er existiere gar nicht, sei nur eine Mär, eine Chimäre, aber dann kam sein Coup mit Fidel Castro."

„Ja", fiel Mireille Mathieu begeistert ein. „Er hat im Auftrag ... Obacht jetzt: nicht im Auftrag der Amerikaner ... der Franzosen! – Fidel Castro umgebracht. Die Kubaner haben daraufhin Castro durch einen Schauspieler ersetzt, um die Welt glauben zu machen, er sei noch am Leben. Aber Insider wussten natürlich Bescheid!"

„Und später hat Esterhuysen – übrigens das uneheliche Kind eines Argentiniers und einer Holländerin, in Buenos Aires aufgewachsen, leidenschaftlicher Tango-Tänzer und Hummel-Figurinen-Sammler – in der Schweiz seinen eigenen Tod vorgetäuscht. Bei dem großen Massaker in Gstaad, bei dem die Hälfte aller weltweit operierenden Auftragskiller von einer Kollegin hingemetzelt wurde", fuhr Jeff Bridges fort. „Wir hier haben nur überlebt, weil wir aus diversen Gründen nicht zum Jahrestreffen fahren konnten. Ich hatte einen Eilauftrag zu erledigen. In Mexico."

„Fettabsaugung in Shanghai", lächelte Mireille.

„Der fünfte Geburtstag meiner Enkeltochter." Die Herzoginwitwe nickte, die Perlen um ihren Truthahnhals klimperten. „Jedenfalls war Esterhuysen nach dem Vortäuschen seines Todes nicht mehr derselbe. Er hat – einen nach dem anderen – fast alle Auftragskiller dieser Welt für sich rekrutiert. Aufträge liefen nur noch über ihn, er kassierte 25 Prozent von jedem Mord. Keine Rabatte. Wer sich verweigerte, wurde liquidiert."

„Wir standen ohnehin schon kurz vor der Pension und sind dann einfach geschlossen in den Vorruhestand gegangen. Bis zum heutigen Tag glaubten wir, als Rentner in einem kleinen Kaff in Tirol nicht mehr auf Esterhuysens Radar zu sein. Aber da haben wir uns wohl getäuscht." Jeff Bridges trank das zweite Glas auf ex. Man merkte ihm keinerlei Wirkung an.

„Aber warum will er dann *mich* umbringen? Ich bin kein Auftragsmörder!", protestierte Alfie.

„Ja, das kommt mir auch komisch vor." Jeff Bridges schürzte die Lippen.

„Vielleicht denkt er, wir würden dich ausbilden", schlug Mireille Mathieu vor.

„Ha!", machte die Herzoginwitwe. „Aus Stroh Gold spinnen?"

Alfie hätte sich gern beleidigt gegeben, aber da hörte man die Stufen der Treppe knarzen und gleich darauf kam Mandy herein.

„Und? Endlich fertig? Darf ich mich wieder dazugesellen oder findet hier immer noch ein konspiratives Treffen statt?"

Sie sah entzückend aus, wie sie so mitten im Raum stand, mit ihren kurzen, blonden Locken, in einem karierten Flanellhemd über abgeschnittenen Jeans und mit einem reizenden Lächeln im Gesicht ...

... das ihr Sekundenbruchteile später verging.

Man hörte eine Scheibe zersplittern – und Mandy wurde von einer unsichtbaren Kraft mit Wucht nach hinten gegen die Anrichte geschleudert.

„Runter!", brüllte Jeff Bridges. „Licht aus!"

Bevor gleich darauf das Licht ausging, sah Alfie noch, wie sich Mireille und die Herzoginwitwe erstaunlich flink unter den Küchentisch warfen. Er selbst stand zur Salzsäule schreckerstarrt vor der Spüle.

„Runter!", bellte Jeff erneut.

Mit dem Rücken glitt Alfie den Spülschrank entlang nach unten und kam flach auf dem Küchenboden zu liegen.

Vor dem Fenster huschte etwas vorbei.

Man hörte ein Stöhnen. Ob das Mandy war? Dann lebte sie also noch?

„Mandy?", flüsterte er.

„Ruhe!", zischte Jeff Bridges.

Ein weiterer Schuss. Den man an sich nicht hörte; es war ein Schalldämpfer im Einsatz. Was man allerdings hören konnte, war, wie er über den Küchetisch schrammte und die Strathisla-Flasche zerbersten ließ. Wieder ein Stöhnen, dieses Mal bestimmt von Jeff Bridges. Der Mord an einem guten Tropfen war für Auftragskiller emotional schwerer wegzustecken als der Mord an einem Menschen.

Wieder ein Schatten vor dem Fenster.

Und dann ... ein Blitzen im Mondlicht, ein gedämpfter Schrei, ein dumpfes Plumpsen.

Stille.

Das Licht ging wieder an. Mosche Dajan stand mit einer kleinen Auswahl Wurfmessern in der Tür. „Hab ihn!", freute er sich.

Und tatsächlich, als sich alle vier wieder hochgerappelt hatten, sahen sie durch das zerschossene Fenster draußen im Kräutergarten – praktischerweise quasi schon zum Verbuddeln ausgestreckt – einen Mann liegen.

„Boar", staunte Alfie. „Wieso kannst du so gut Messerwerfen?"

„Ich war beim Zirkus!" Mosche klang stolz.

„Jungelchen, hol eine Schaufel", befahl Jeff Bridges.

„Wieso ich?"

„Du bist der Jüngste von uns."

„Ich komme gerade von meiner eigenen Seebestattung!" Alfie empörte sich so sehr, dass ihm das Küchentischtuch von den Schultern rutschte. „Ich bin jetzt wohl kaum in der Verfassung für körperliche Arbeit!" Er hob das Tischtuch wieder auf, als Mireille plötzlich aufkiekste und zeigefingerte. „Es lebt!"

Tatsächlich. Der Haufen Mensch mit dem Messer in der Brust bewegte sich. Und stöhnte.

„Soll ich ihm den Rest geben?", fragte Mosche Dajan und zielte mit einem weiteren Messer durch das zerschossene Fenster.

Jeff Bridges schüttelte den Kopf. „Ich will erst wissen, wer ihn geschickt hat. Holt ihn rein."

Während Mosche und Mireille nach draußen eilten und die Herzoginwitwe sich um Mandy kümmerte – „nur ein Streifschuss am Arm!" – sah Jeff Bridges Alfie an. „Wieso versuchen die, dich umzubringen, wo sie doch eigentlich glauben sollten, dass du am Grund des Wildsees dümpelst? Merkwürdig!"

„Aber ... aber die haben Mandy erschießen wollen, nicht mich!", hielt Alfie dagegen.

„Jungelchen, schau sie dir an – deine Größe, deine Figur, blonde Locken, kariertes Hemd ... sie könnte dein Zwilling sein." Er stockte kurz, dann fasste er sich wieder. „Glaub mir, die wollten dich erledigen! Nur dich allein."

In diesem Moment wäre Alfie gern wieder einmal ohnmächtig geworden, aber so zartbesaitet war er nicht mehr. Dafür war er dem Tod einmal zu oft von der Schippe gesprungen. Er fragte sich, ob der gehörnte Schröpp einen Auftragsmörder auf ihn angesetzt hatte.

Aber so viel Geld setzte der in seinem Café gar nicht um. Wiewohl, so oft, wie der Killer die Sache schon vergeigt hatte, tötete er womöglich zum Schnäppchenpreis.

„Weißt du, was, Jungelchen? Ich finde, du solltest vorerst tot bleiben. Nur zur Sicherheit. Gleich morgen früh melden wir dich als vermisst."

„Wie? Tot bleiben?"

Jeff Bridges lächelte. „Na, ganz einfach. Wir tun so, als habe der Mörder sein Ziel erreicht und warten dann mal ab, wer sich darüber freut."

Während Alfie noch darüber nachdachte, klopfte Jeff Bridges ihm schon final auf die Schulter.

Und so wurde Alfies Leben als Leiche offiziell.

10
Eine Leiche ist eine Leiche ist eine Leiche

Sie tauften ihn Dings.

Der Dings lag auf einer nackten Matratze in einem der freien Gästezimmer, natürlich ohne Seeblick, und war totenbleich. Sie hatten eine Plastikplane unter ihn geschoben, weil aus seiner Messerwunde Blut suppte.

„Sollten wir nicht einen Arzt holen?", fragte Alfie, der als Einziger der Truppe normal sozialisiert schien. Vielleicht mit Ausnahme von Mandy, aber da der Dings sie angeschossen hatte, fand sie seine ärztliche Versorgung nicht sonderlich wichtig. Ihr war mehr an Rache gelegen. Schon zwei Mal hatte sie mit den Fingern fest gegen seinen Oberarm geschnippst.

„Und was sagen wir dem Arzt, wie das Messer in seine Brust kam?" Die Frage von Jeff Bridges war rhetorischer Natur.

Das Messer steckte immer noch in der Brust vom Dings. „Erst durch das Herausziehen wird oft der Tod herbeigeführt. Wenn man das Messer lässt, wo es ist, verschließt es gewissermaßen die Wunde", belehrte die Herzoginwitwe die Anwesenden. „Ich weiß das, ich war Krankenschwester an der Front. Da lernt man sowas."

Alfie hätte gern gefragt, in welchem Krieg noch mit Messern geworfen worden war, aber Mireille Mathieu war schneller: „Damals, im Krimkrieg."

Die Herzoginwitwe ignorierte den Einwurf. „Wir müssen nur dafür sorgen, dass sich die Wunde nicht infiziert." Sie goss reichlich Desinfektionsmittel auf den Bereich um das Messer. Der Dings zuckte. Er zuckte unbewusst, denn er war ohnmächtig. Aber es tat ihm bestimmt was weh.

„Gut so", murmelte Mandy leise.

„Irgendwann muss das Messer aber doch heraus", räsonierte Alfie. „Er kann doch nicht den Rest seines Lebens mit diesem Ding in der Brust herumlaufen."

„Der Rest seines Lebens ist möglicherweise kurz", hielt Jeff Bridges dagegen. „Ich will nur, dass wir ihn wieder zu Bewusstsein bekommen, damit er uns sagen kann, in wessen Auftrag er handelt."

„In Esterhuysens Auftrag natürlich", krähte Alfie. „Der will mich aus dem Weg räumen, damit er das Hotel bekommt!"

„Und was, wenn du tot bist? Dann muss er warten, bis deine Erben anrücken, und mit denen muss er wieder ganz von vorn anfangen. Nein, nein, Esterhuysen steckt nicht dahinter." Jeff Bridges hob mit Zeigefinger und Daumen das linke Lid vom Dings hoch. Man sah nur Weiß.

„Wie lange kann das dauern?", wollte er von der Herzoginwitwe wissen.

„Stunden. Tage. Wochen." Sie zuckte mit den mageren Schultern.

„Du bist mir keine große Hilfe, meine Liebe", sagte Jeff zu ihr, was sie mit einem weiteren Schulterzucken abtat.

Alfie hatte – nachdem er zusammen mit Mosche und Jeff den Dings in das Gästezimmer verfrachtet hatte – seine Kleidung gewechselt. Ein Küchentischtuch mit Borte mochte der letzte Schrei sein und Jean Paul Gaultier würde sicher eine umwerfende Kreation daraus basteln, aber Alfie war eher der konservative Typ. Er musste allerdings leider feststellen, dass seine Hose eingelaufen war und er nicht länger hineinpasste. Und seine Zweitschuhe waren nur mehr Lederflocken, dank Yussef. Mosche Dajan war, zum Teil auch wegen seines schlechten Gewissens, weil er Yussef nicht beigebracht hatte, das Schuhwerk von Freunden zu verschonen, bereit, Alfie wieder den Konfirmationsanzug mit der Hochwasserhose zu leihen, den er schon im Casino getragen hatte. Und Mandy überließ ihm ihre Flip-Flops mit Strassbesatz.

„Okay, wir lassen dem Dings vorerst seine Ruhe. Du rufst mich, sobald er aufwacht!" Streng nickte Jeff Bridges der Herzoginwitwe zu. Er hatte definitiv etwas von einem Alpha-Wolf an sich. „Und jetzt kümmern wir uns um dich", sagte er zu Alfie.

„Wieso um mich?"

„Du bist jetzt offiziell tot. Wir müssen dein Äußeres verändern, damit dich niemand erkennt, der zufällig einen Blick auf dich erhascht."

„Ich bleibe einfach im Waldschlössl, dann kann mich keiner erhaschen."

„Jemand könnte von außen ins Haus schauen", hielt Bridges dagegen.

„Wer denn?" Ein Eichhörnchen? Ein Eichelhäher?

„Der Postbote, der Müllmann, ein Nachbar, der sich ein Ei ausborgen will. Jungelchen, in unserem Job lernst du, mit allem zu rechnen. Du wirst ergo unkenntlich gemacht, und damit basta."

„Ich kann ihm eine Perücke leihen!", bot Mireille Mathieu an. „Ich habe eine ganze Kollektion! Alles Echthaar aus Indien!"

Was sich mengenmäßig als Untertreibung erwies, kaum dass sie und Alfie das Zimmer – ganz in Gold und Weiß und mit Panoramablick – betreten hatten. Mireille besaß gefühlte hunderttausend Perücken, aber allesamt in exakt demselben Schnitt – Mireille Mathieu eben: schwarz, etwas-über-Ohr-lang, Pony. Als sie Alfie eine davon überstülpte und er in den Spiegel sah, schaute ihn Prinz Eisenherz an. Gewöhnungsbedürftig. Aber nicht uncool.

141

„Nicht uncool", sagte Mandy, die vom Schreck und dem Blutverlust immer noch ein wenig blass um die Nase war. Sie stand mit verschränkten Armen in der Tür.

Irgendwo in seinem Hinterkopf wunderte sich Alfie, warum Mandy beim Aufwachen nach der kurzen Schuss-Ohnmacht nicht „Polizei!" gerufen hatte. Sie hatte sich von der Herzoginwitwe verarzten lassen, war mit einem Becher heißer Schokolade kurz auf ihr Zimmer verschwunden und dann wieder aufgetaucht, als wäre nicht das Geringste passiert. Vielleicht färbte die Ruhe der anderen auf sie ab. Oder sie hatte zu viele US-Ballerserien angeschaut und fand es ganz normal, umgenietet zu werden. Womöglich hatte sie ja lange in New York gelebt. Alfie ging nämlich davon aus, dass in New York die Luft unglaublich bleihaltig war und sich quasi jeder dort einmal im Leben eine Kugel einfing. Mindestens.

Während Alfies Kleinhirn ganz beiläufig über Mandys Abgebrühtheit meditierte, studierte Alfies Großhirnrinde sein Erscheinungsbild. Prinz-Eisenherz-Frisur, ein kariertes Flanellhemd, zu kurz geratene Wollhosen und strassbesetzte Flip Flops. Das war keine modische Aussage, das war ein ästhetisches Desaster.

„Und was mache ich jetzt?", wollte Alfie wissen.

„Mir erzählen, woran du dich bezüglich deiner Seebestattung noch erinnerst." Jeff Bridges sah ihn auffordernd an.

Alfie wurde wieder mulmig. Er spürte die Plastiktüte um seinen Kopf, den Felsbrocken an seinen Beinen und das Wasser, das ihn sanft hin- und herwogen ließ wie eine menschliche Alge.

„Mit wem warst du da unten?", wollte Jeff Bridges wissen.

„Wir haben uns einander nicht vorgestellt", lästerte Alfie. „Es wurden auch keine Visitenkarten ausgetauscht."

„Jungelchen, du mauserst dich. Es geht nichts über eine Nahtoderfahrung, um aus einem Jungen einen Mann zu machen." Jeff Bridges lächelte anerkennend.

„Ich bin ein Mann?" Alfie strahlte.

„Noch lange nicht!"

Mosche Dajan klopfte an die offene Tür. „Ich habe meine Verbindungen spielen lassen." Er wedelte mit dem Ausweis, den der Dings bei sich gehabt hatte. „Ein Fake. Es gibt keinen Urs-Rudi Gasser in Thun. Also es gibt einen Rudi Gasser, aber das ist ein anderer."

„Falscher Ausweis, Scharfschützengewehr – da hat sich einer richtig Mühe gegeben."

„Oder er ist ein Profi."

„Nee, wenn er Profi wäre, hätte er unseren Kleinen nicht zwei Mal verfehlt", hielt Mireille dagegen. Sie zog etwas Weißes mit Rüschen aus ihrem Kleiderschrank. „Hier, Alfie, schlüpf da mal rein."

„Ich zieh keine Frauenbluse an!" Alfie war in Kleidungsfragen wertekonservativ.

Mireille Mathieu kicherte. „Das ist doch keine Frauenbluse! Das ist das Original-Bühnenhemd, das der Tiger 1968 in Las Vegas getragen hat. Und fragt mich nicht, wie ich daran gekommen bin: Was in Las Vegas passiert, bleibt in Las Vegas!"

„Ein Tiger in einem Rüschenhemd?" Alfie staunte.

Mireille Mathieus kokettes Lächeln verblasste abrupt. „Der Tiger. Tom Jones! Das weiß man doch. Der Tiger ist Legende!" Sie fing an, den Refrain von *It's Not Unusual* zu singen und mit den Hüften zu wackeln. Wobei sie nicht genug Hüfte hatte, um wirklich wackeln zu können. Selbst für eine Asiatin war sie erstaunlich schmalhüftig.

Alfie fühlte sich gezwungen, das Hemd anzuziehen. Und – parbleu! – das machte allen Unterschied der Welt. Sah er eben noch aus wie eine kuriose Mischung aus Superheld, Holzfäller und Hippie, wirkte er nun auf einen Schlag wie eine schnittige Version von Austin Powers. Er war nicht mehr Alfie, er war das Schärfste, was Seefeld in Tirol in diesem Moment an Testosteron zu bieten hatte. Gewissermaßen ein Mann in geheimer Mission. Wenn schon eine lebende Leiche, dann doch bitte mit Stil!

„Seh ich gut aus oder seh ich gut aus?" Er drehte sich einmal um die eigene Achse. Die Rüschen flatterten, die Eisenherzhaare ebenfalls.

Mireille kicherte, Mandy kicherte auch.

Jeff Bridges guckte genervt. „Haben wir es jetzt? Ich will wissen, was das für Leichen waren?"

„Leichen. Tote Menschen. Was soll ich sagen?"

„Wie sie umgekommen sind, will ich wissen. Die Methode weist auf den Verursacher hin!"

Alfie fand das albern. „Es liegt doch auf der Hand. Alle wurden, wie ich, erst ausgeknockt und dann – mit einem Felsbrocken beschwert – im See versenkt, um auf dem schlammigen Grund jämmerlich zu ertrinken. Weil sie nicht, wie ich, an den Segen der ölhaltigen Feuchtigkeitscreme glaubten!"

„Sicher?"

Alfie ließ das Meer an Toten, die gleich ihm wie Algen auf dem Seegrund wogten, vor seinem inneren Auge Revue passieren. Die Skelette gaben nicht mehr viel preis. Die frischen Toten ...

„Sie waren bewaffnet ... mein Gott ... ja!" Alfie konnte es jetzt vor sich sehen. Die aufgedunsene Leiche neben ihm, an der sich der Fisch gütlich getan hatte, konnte kein unschuldiger Bürger gewesen sein. Die Brusttätowierung mochte ja noch angehen, aber der Patronengürtel? Und die Pumpgun im Hosenbund?

Hinter dem einäugigen Tätowierten, so meinte Alfie sich nun zu erinnern, war eine Leiche gedümpelt, die eine Kette aus Schlagringen trug.

„Bewaffnet … so, so", murmelte Jeff Bridges.

Alfie grübelte. Vielleicht waren es Mitglieder einer Rockerbande? Hells Angels, im Österreichurlaub von verfeindeten Bandidos niedergestreckt und vor Ort versenkt?

Aber noch bevor er seine Vermutung äußern konnte, waren seltsame Plopp-Geräusche zu hören. Alfie dachte an dieses Verpackungspapier mit den Bläschen, die er so gern zerdrückte. Doch Mireille, Mosche und Jeff warfen sich auf den Boden. Mandy tat es ihnen gleich.

„Runter!", schrie Jeff.

Alfie wollte „Warum?" fragen, als draußen im Flur das Holzgeländer der Treppe splitterte. Eins der Reh-Geweihe an der Wand segelte an der offenen Tür vorbei. Zwei der von Mandy frisch eingedrehten Glühbirnen erloschen.

Schüsse!

Die Fremden waren schon im Schloss. Sie hatten das Erdgeschoss erobert. Wozu nicht viel gehörte: Die Haustür stand offen und unten war keiner.

Als sie sich jedoch der Treppe näherten, bekamen sie es mit der Herzoginwitwe zu tun, die sich offenbar das Scharfschützengewehr des Dings gegriffen hatte und nun zielgenau nach unten schoss. Allerdings rief sie kurz darauf: „Mist! Munition ist alle!"

Auf See heißt es: „Frauen und Kinder zuerst!" Aber alte Matrosenhasen sagen das nur, um zu sehen, ob die Rettungsboote auch halten.

Als Jeff Bridges seinem Rudel zurief: „Rasch, in den Safe-Raum!", war er schon längst vorausgestürmt.

„Safe-Raum?", wundert sich Alfie noch, als Mireille Mathieu ihn schon in den Flur schubste.

In dem die Kugeln stoben wie in Monte Carlo zu Silvester die Feuerwerkskörper ...

11
Schlacht um Seefeld

„Was … wer … wie …?"

„Ducken! Und los!" Mireille stieß Alfie immer weiter durch den Flur zum nächsten Treppenabsatz. „Los … los … los!"

Er hechtete die ersten Stufen zum nächsten Stock hinauf.

„Was machst du denn da oben? Komm sofort wieder runter!"

„Aber unten sind die Typen mit den Waffen!"

Wie aufs Stichwort fielen wieder Schüsse. Alfie duckte sich. Mireille dagegen stand wie eine Eins.

Über Alfie zerbarst ein formunschöner Leuchter. Ein weiteres Geweih wurde von der Wand gepustet und verfehlte Alfie nur knapp.

„Wenn wir uns oben verschanzen, brauchen die unten nur ein Feuer zu legen und wir sind Grillfleisch!"

Alfie hechtete wieder nach unten zu Mireille, die ihn in ein nach hinten gelegenes Zimmer neben der Treppe zerrte. Es war abgedunkelt. Um nicht zu sagen: pechschwarz.

„Das ist der Safe-Raum?" Tastend streckte Alfie die Hände aus. Und berührte weiches Fleisch. „Iiiih!"

„Wie, iiiih? Als ob es hier im Haus was Besseres gäbe!" Das war Mandy.

„Pst!", befahl Jeff Bridges.

Man hörte etwas, als ob jemand Tasten betätigte, dann öffnete sich eine Tür in der Wand. „Rein da!" Die Tür ging zu einer sehr steilen Stiege, die wiederum nach unten führte – und zwar aus dem ersten Stock direkt in den Keller. Der tief in den Boden des Hanges eingelassen sein musste. Modrig riechende, feuchte Luft waberte ihnen entgegen. Es roch ein wenig fischig.

„Da geh ich nicht rein!" Alfie sperrte sich in posttraumatischer Verweigerungshaltung.

„Rein da, sagte ich!", wiederholte Jeff. Das allein wäre vielleicht kein überzeugendes Argument gewesen, um sich der klammen Fischigkeit auszusetzen, aber da wurden erneut Schüsse abgefeuert. Nun schon im Treppenhaus.

Jeff rief: „Die Frauen zuerst!" und meinte es auch so, Mandy rief „Gibt's da unten Ungeziefer?", Mosche rief „Yussef!"

Mireille machte mutig den Anfang. Mandy, Jeff und Mosche hetzten hinterher.

„Und die Herzoginwitwe?", fragte Alfie.

„Wer?", kam es im Chor zurück.

Da kam sie auch schon angesegelt – mit rasselnder Perlenkette huschte sie herein, schloss die Tür hinter sich und verriegelte sie. „Ich habe keine Munition mehr, aber ich denke, zwei von denen habe ich ausgeschaltet. Und den dritten mit dem Gewehr k. o. geschlagen. Der Rest von denen scheint mir jetzt aber etwas ungnädig. Geht das nicht schneller? Muss ich nachhelfen?"

Mit ihrem Gehstock stieß sie Alfie so kräftig gegen die Schulter, dass er beinahe das Gleichgewicht verloren hätte. „Aua!", entfuhr es ihm empört.

Die Herzoginwitwe quietschte. „Igitt, ich bin auf etwas Weiches getreten."

„Yussef!", hörte man Mosche aus den Tiefen des steilen Treppenhauses rufen.

Die Herzoginwitwe wollte das Weiche, auf das sie getreten war, an Alfie vorbei in den Schacht kicken, aber fußballerisch war sie nicht halb so punktgenau wie mit ihren Verbalspitzen: Das Weiche traf Alfie mitten ins

Gesicht. Es war haarig und roch eklig. Alfie wischte es sich so hektisch ab, dass es in die Tiefe segelte. Vor lauter Wischen und Haareausspucken sah Alfie den Stock der Herzoginwitwe nicht kommen, mit dem sie ihm wieder gegen die Brust stieß. Er kippte nach hinten, fand keinen Halt und stürzte in die Tiefe ...

... vorbei an Jeff und Mireille, die sich rechtzeitig zur Seite warfen und sich am Geländer festhielten. Mosche Dajan war allerdings zu langsam, ihn traf Alfie mittig auf der Schulter, und zu zweit purzelten sie wie Kohlensäcke, die man achtlos in den Keller warf, die steilen Stufen nach unten.

Irgendwie geriet Alfie unter Mosche und sah sich schon zerquetscht. Zu seiner Überraschung landete er allerdings butterweich auf zwei schaukelnden Kissen.

Kissen?

Jemand schaltete eine Taschenlampe ein. Alfie sah, dass er doch nicht auf Kissen gelandet war, höchstens man wollte das, was die Dame unter ihrem Satinmorgenmantel mehr präsentierte als versteckte, Silikonkissen nennen. Blond, überall mager bis auf die beiden Melonen – ein Playboy-Bunny! Und Hugh Hefner höchstselbst leuchtete Alfie ins Gesicht.

„Ist das der Kleine?", nuschelte er. Zu seinem zahnlosen Lächeln trug er ebenfalls einen Satinmorgenmantel – mit nichts darunter. Letzteres sah man auf den ersten Blick, denn der Morgenmantel hatte keinen Gürtel und klaffte weit auf.

Alfies Unterkiefer klappte nach unten. Meine Güte, so also sahen Ludwig und seine rumänische Pflegerin aus! Sie waren demzufolge nicht die ganze Zeit tot und von Spinnweben überzogen im Schaukelstuhl gesessen. In den riesigen Apotheken-Tüten auf der Küchentheke mussten sich nicht, wie Alfie vermutet hatte, Rheuma-

Creme, Gicht-Globuli und Vitamintabletten befunden haben, sondern kiloweise Viagra.

In diesem Moment landete in Alfies aufgeklapptem Unterkiefer das Weiche, das die Herzoginwitwe nach ihm gekickt hatte. Sie hatten es auf dem Weg in die Tiefe offenbar überholt, aber jetzt holte es sie wieder ein. Es war aber nicht Yussef. Erneut wischte Alfie sich das haarige Etwas hektisch vom Gesicht.

„Mein Haarteil, wunderbar! Ich glaubte es verloren", nuschelte Hugh Hefner, bückte sich ächzend, hob das Teil hoch und setzte es sich auf den altersbefleckten Schädel. „Wie seh ich aus, Mäuschen?", fragte er das unter Alfie liegende Blondchen.

Alfie fand ja, dass man der Herzoginwitwe angesichts der Verwechslung keinen Vorwurf machen konnte. Hefner sah jetzt aus, als wäre mitten auf seinem Kopf ein Eichhörnchen explodiert – er erinnerte an Donald Trump. Aber das Blondchen unter Alfie gurrte: „Sährr säxy!"

Als Alfie von ihr rutschen wollte, fühlte er scharfe, überlange Krallen, die sich in seinen Torso bohrten. „Nicht doch so schnell ...", hauchte das Häschen heiß in sein Ohr.

„Selma, lass den Kleinen los!", befahl Jeff Bridges, der hinter Mandy und Mireille nach unten kam und Mosche vom Boden hochhalf. Auch die Herzoginwitwe war mittlerweile unten angekommen. Oben hörte man noch die Sicherheitstür zugleiten, dann war es still.

Jeff Bridges zog seinen Gürtel aus den Hosenschlaufen und reichte ihn Hugh Hefner. „Hier, Ludwig, mach den Morgenmantel zu. Man wird ja blind. Und setz gefälligst deine dritten Zähne wieder ein."

Hugh Hefner kicherte und zog ein Gebiss aus der Satinmorgenmanteltasche. „Ich schone es gern, dann hält es länger", sagte er, nun deutlich zu verstehen.

Alfie sprang auf.

„Es werde Licht", sagte Jeff Bridges. Surrend erwachte ein Generator zum Leben, dank dem gleich darauf mehrere Lampen angingen.

Alfie zuckte zusammen.

„Das ist keine junge Rumänin!", entfuhr es ihm beim Anblick der Blondine, die sich immer noch lasziv auf dem kalten Steinboden räkelte. Ihr Satinmorgenmantel war eher ein Satinmorgenmantel-Bolero – oder ebenfalls beim Trocknen eingelaufen, wie Alfies Hose – und zeigte lange Beine. Allerdings bejahrte Beine mit Krampfadern und Besenreißern. Auch die Flecken auf ihren Händen sprachen Bände und zeugten von einem langen Leben. Hätten Jean Harlow oder Marilyn Monroe das Glück gehabt, alt zu werden, hätten sie wohl so oder so ähnlich ausgesehen. Nur der pralle Busen und das fest nach hinten gezurrte Gesicht konnten bei richtiger Beleuchtung an ein mitteljunges Playboy-Häschen denken lassen. Das jetzt war definitiv nicht die richtige Beleuchtung.

„Rumänin? Unsere Altenpflegemaus, die Nadja? Die kommt nur stundenweise", erklärte Hugh Hefner.

„Selma, das ist Alfie. Alfie, das ist Selma", stellte Jeff Bridges sie einander vor. „Wir nennen Selma auch unseren Piranha. Sie knabbert nämlich gern an Männern."

Alfie lächelte wissend. Schließlich war er nicht mehr der leicht zu verschreckende Kleinstadtjüngling, der er noch vor drei Tagen gewesen war. Er war jetzt Austin Powers. „Ah, Sie sind Nymphomanin", sagte er folglich galant und reichte Selma die Hand, um ihr in die aufrechte Position zu verhelfen.

„Kannibalin", korrigierte Jeff.

Alfie ließ die Hand wieder los.

„Hat jemand Yussef gesehen?" Mosche Dajan schien ernsthaft besorgt.

„Der ist Überlebenskünstler, der schafft das schon", sagte Mireille und klopfte Mosche den Staub vom Jackett.

Mandy blickte sich neugierig um. Es gab aber nicht viel zu sehen.

„Und jetzt?", fragte Alfie.

„Jetzt machen wir es uns hier gemütlich." Jeff Bridges nahm einen Klappstuhl, klappte ihn auf und setzte sich. Er kratzte sich den Knubbel am Ohrläppchen, dann verschränkte er die Hände über dem Bauch und schloss die Augen.

„Aber wenn die über uns das Haus abfackeln?" Alfie entsetzte dieser Gedanke. Sein schönes Waldschlössl! Sollte sein Traum vom Schlossherrentum in Tirol wirklich so schnell enden?

„Das glaube ich nicht, dass die das tun, das würde Aufmerksamkeit auf sie lenken. Nein, die werden drinnen alles kurz und klein schlagen und dann abziehen und draußen darauf warten, dass wir wieder rauskommen, um uns den Rest zu geben."

„Da können sie lange warten!", erklärte die Herzoginwitwe eisern und klopfte mit dem Gehstock auf den Steinboden. „Wir ergeben uns nicht. Niemals!"

Man hörte ein Knurren. Kein böses Kampfhundknurren, mehr ein Hungerknurren. Möglicherweise kam es aus Alfies Magen. Je mehr er aß, desto größer wurden seine Gelüste. „Wie lange reichen denn unsere Vorräte?", fragte er und sah sich in dem weitgehend kahlen Raum um, in dem keinerlei Vorräte zu entdecken waren.

„Laaange", gurrte Selma und betrachtete Alfie, während sie genüsslich ihre schmale Zunge über die Lippen gleiten ließ. Offenbar überlegte sie schon, wie sie ihn portionieren konnte.

Schutz suchend stellt Alfie sich neben Jeff Bridges.

Die Zeit verstrich.

Die Herzoginwitwe zog irgendwo aus den unzähligen Falten ihrer pastellfarbenen Oberbekleidung ein Sudoku-Heft und einen Bleistift, Mireille tätschelte den untröstlichen Mosche Dajan, der hin und wieder „Oh Yussef!" seufzte, Hugh Hefner zupfte alle zwei Minuten sein Haarteil zurecht, aber egal, in welche Position er es auch drehte, es sah immer schrecklich aus. Selma hob gelegentlich die Nase in Richtung Alfie und gab dabei Schnupperlaute wie Hannibal Lector von sich, Mandy saß im Lotus-Meditationssitz in der Ecke und meditierte, Jeff hatte immer noch die Arme verschränkt, hielt jetzt aber sein Mobiltelefon in der Hand, dessen Display er stoisch betrachtete.

Alfie baute Panik auf. Nicht aktiv, versteht sich. Er versuchte, zengleiche Gelassenheit ausstrahlen, fühlte sich jedoch wieder wie im See mit der Plastiktüte über dem Kopf: kein Sauerstoff und lauter Kompostierende um ihn herum.

Eine gefühlte Ewigkeit – aber in Wirklichkeit nur fünf Minuten – später rief er: „Ich halte das nicht mehr aus!" Ihm war zugleich heiß und eiskalt. Er nestelte an seinem Hemdkragen.

„Ist ja gut, Jungelchen", beruhigte ihn Jeff. „Es wird nicht mehr lange dauern."

„Wieso kriegt der denn immer eine Sonderbehandlung?", schmollte Mandy.

„Vielleicht weil die da draußen hinter mir her sind!",
brach es aus Alfie heraus. „Die wollen mich umbringen. Schon seit Tagen. Erst vor den Zug stoßen, dann
erschießen, dann vergiften, dann ertränken und jetzt
wieder erschießen."

Man hätte Widerspruch erwarten können, aber
Mandy sagte nichts. Auch sonst sagte niemand was.
Wenn man von den „Oh Yussef"-Seufzern Mosche Da-
jans absah.

Der Raum war nicht schalldicht. Man hörte – wie
aus weiter Ferne – Schüsse. Schreie. Stille.

Die Stille zog sich.

„Sind ihnen jetzt die Kugeln ausgegangen?", spot-
tete Alfie.

„Nein, sie haben den Dings mitgenommen und sind
abgezogen." Jeff schürzte die Lippen.

„*Was*?" Alfie bekam große Augen.

„Kein falsches Mitleid, Jungelchen", sagte Jeff. „Der
Dings hat den Rinnerthaler erschossen. Das Karma
gibt einem immer zurück, was man ausgeteilt hat, mit
Zins und Zinseszins."

„Zinseszins?" Alfie verstand gar nichts mehr.

Jeff nickte. „Vermutlich werden sie den Dings fol-
tern, um herauszufinden, wo wir abgeblieben sind. Das
kann er ihnen natürlich nicht verraten. Wie sollte er
auch; er weiß ja von nichts. Das wird dann sein Ende
sein."

Alfie war sprachlos. Fast, nicht ganz. „Das sind doch
alles nur wilde Spekulationen!"

„Mitnichten! Zum einen, weil ich es an deren Stelle ganz genauso machen würde, zum anderen deswegen." Jeff Bridges hielt ihm sein Handy entgegen. Das
Display war in sechs kleine Rechtecke unterteilt, in denen man verschiedene Räume des Waldschlössls sah.

„Kameraüberwachung, ich habe alles beobachtet",
erklärte Jeff Bridges.

Plötzlich wechselten die Bilder in den Rechtecken
am Display. Offenbar war das ganze Haus mit Kameras durchsetzt, sogar ... tatsächlich: Eins der Rechtecke
zeigte Alfies Zimmer. „So geht das nicht", moserte er.
„Wo bleibt mein Recht auf Privatsphäre?"

„Jungelchen, reg dich bloß nicht auf", grinste Jeff.
„Wenn ich mir mit unseren Spionagekameras ungepflegte Abendunterhaltung reinziehen wollte, dann würde
ich bei Ludwig zuschauen, nicht bei dir."

Hugh Hefner und er klatschten sich ab.

Auch wieder wahr.

„Dann können wir ja jetzt raus", sagte Alfie mit einem Blick auf weitere sechs neue Rechtecke. Das Haus
war leer. Leer und sichtlich verwüstet.

„Gemach, gemach. Wir schleichen uns kurz vor Mitternacht raus und leiten Gegenmaßnahmen ein", verkündete Jeff Bridges.

„Gegenmaßnahmen? Wäre das nicht viel eher der
richtige Zeitpunkt, um die Polizei einzuschalten?",
wandte Alfie ein.

Alle Augen im Raum richteten sich auf ihn. Die Blicke reichten von missbilligend bis angeekelt, als ob sie
eine Kakerlake in ihrer Mitte entdeckt hätten. Wobei
tatsächlich eine Schabe durch den Keller lief, der allerdings nicht annähernd so viel Verachtung zuteilwurde
wie Alfie in diesem Moment. Möglicherweise spuckte
Mosche Dajan sogar aus. Das konnte Alfie nicht sehen,
weil Mosche seitlich hinter ihm stand.

„*Polizei*, Jungelchen?" Jeff Bridges schüttelte den
Kopf. „Wer bist du? Einer von der Nutella-Generation,
der sich vor allem durch Streichfähigkeit auszeichnet? Eine ausgelutschte Lusche?" Er klang enttäuscht.

„Nein, Jungelchen, die Staatsmacht ist für jene, die sich nicht allein verteidigen können. Schwache und Alte."

Ja eben!, dachte Alfie bockig, sprach es aber nicht aus. Sonst hätte ihn die schwache, alte Herzoginwitwe womöglich mit ihrem Gehstock erschlagen.

„Nein, wir warten noch kurz, bis sich der Staub gelegt hat, dann schleichen wir uns raus, holen unsere Altersversorgung und sorgen konsequent für ein Happyend."

„Wir setzen uns in die Karibik ab?" Alfie schöpfte Hoffnung.

Die Augenbrauen von Jeff Bridges trafen sich mittig über seiner Nasenwurzel. „Nein! Wir schlagen zurück! Wer immer uns hier den Garaus machen will, wird zu spüren bekommen, dass er sich mit den Falschen angelegt hat."

„Ist das nicht gefährlich?", fragte Mandy. „Die werden doch sicher noch irgendwo da draußen auf uns lauern ..."

„Doch, klar", räumte Jeff ein. „Aber es gilt das Motto: Die Tapferen mögen nicht ewig leben, aber die Vorsichtigen leben überhaupt nicht!"

12
Mitternacht in Mittenwald

Draußen heulte der Wind. Recht hatte er. Die Lage war ja auch zum Heulen.

Sie hatten sich auf allen Vieren durch einen Geheimgang abgesetzt, der zu einer Klappe führte, die sie im Kräutergarten neben dem Komposthaufen ausspuckte. Beim Öffnen der Klappe hatte Alfie noch befürchtet, es könnten ihnen die Leichenteile entgegenfallen, die sie dort verbuddelt hatten, aber es bröckelte nur etwas Erde herunter. Im hellen Mondlicht erschien ein Kopf. Ein sehr kleiner Kopf.

„Yussef!", rief Mosche beglückt, als ihnen die Ratte durch die offene Klappe entgegensah und grüßend die Barthaare vibrieren ließ. Yussef, dessen Köpfchen genau in der Mitte der Mondscheibe prangte, sah aus, als habe er einen Heiligenschein. Mosche verdrückte vor Wiedersehensfreude eine Träne. Yussef hielt sich emotional eher bedeckt.

„Die Luft scheint rein", flüsterte Jeff Bridges, nachdem er sich aufmerksam umgesehen hatte. „Vermutlich liegen sie auf der anderen Seite vor der Haustür auf der Lauer."

Dann sprinteten sie im Schutz der Dunkelheit gebückt durch die Nadelbäume zum Nachbarhaus und dort zur Garage. Was man so gebückt und sprinten nennen konnte, wenn man zwischen 70 und 80 Jahre alt war ...

Jeff Bridges hatte einen Schlüssel für die Garage, in der sich ein knallbunt bemalter VW-Bus befand. Gleich darauf brausten sie, mit ausgeschalteten Scheinwerfern und ohne dass ihnen jemand zu folgen schien, los.

„Wohin fahren wir?", erkundigte sich Alfie, der vorn auf dem Beifahrersitz saß.

„Wir graben jetzt Opa aus!" Jeff Bridges starrte konzentriert in die Nacht hinaus. Er hing ziemlich weit über dem Lenkrad. Ob er nachtblind war? Zumindest die Schilder mit der Höchstgeschwindigkeit schien er nicht zu sehen – sie brausten in einem Affenzahn in Richtung Grenze.

„Äh ... wir machen was?", fragte Alfie, der glaubte, sich verhört zu haben.

„Wir graben Opa aus. Sind wir noch richtig?" Da sie in diesem Moment an einem riesigen Schild mit der Aufschrift *Mittenwald 10 km* vorbeikamen, ging Alfie sehr davon aus, dass Jeff Bridges im Blindflug agierte. Alfie ruckelte an seinem Gurt, um zu sehen, ob der auch hielt, und klammerte sich dann mit beiden Händen an den Griff über der Tür.

„Hast du auch deine Autobrille auf?", rief Mireille Mathieu von hinten.

Jeff Bridges brummte.

„Was macht das für einen Unterschied? Er hat doch ohnehin keinen Führerschein", erklärte die Herzoginwitwe und prophezeite düster: „Wir sind alle dem Untergang geweiht."

Alfie war die Sache mit dem Opa immer noch nicht ganz klar. „Wieso exhumieren wir mitten in der Nacht eine Leiche?"

Würde es eine Voodoo-Totenbeschwörung geben? Sollten Zombies den Kampf gegen Esterhuysens Mörderbande aufnehmen?

„Kleiner, quatsch nicht rum, sag mir lieber, ob wir noch richtig sind!"

Im Grunde konnte man sich auf der Strecke von Seefeld nach Mittenwald nicht verfahren, zumal sie gut ausgeschildert war – einfach die B177 hinunter, durch Gießenbach und Scharnitz über die Grenze nach Deutschland, und schon war man am Ziel.

„Ja", sagte Alfie folglich, obwohl er völlig ortsfremd war. „Um nochmal auf diesen Opa zurückzukommen ..."

„Ich fürchte, ich sehe Scheinwerfer", fiel Mosche Dajan ihm ins Wort.

Jeff Bridges trat aufs Gas.

Mit 200 Sachen fuhren sie in Mittenwald ein. Und die Probleme begannen.

„Weiß einer von euch noch, wo der Friedhof ist?", rief Jeff Bridges über die Schulter nach hinten.

Keine Antwort.

„Hat dein Smartphone keine Google-Map-App?", schlug Alfie vor.

„Der Akku ist leer."

„Ich glaube, er war rechts von der Isar", meinte die Herzoginwitwe. „Wir sollten auf der Bundesstraße bleiben."

„Wie groß ist dieser Glaube auf einer Skala von eins bis hundert?", fragte Mireille zuckersüß. „Ich bin mir nämlich sicher, wir müssen da vorn links in den Ort biegen."

„Mädels, nicht streiten, wir machen einfach eine kleine Rundtour. Wie lange kann es schon dauern, in einem winzigen Weiler wie Mittenwald den örtlichen Friedhof zu finden?" Jeff Bridges blieb auf der Bundesstraße. Was sich, im Nachhinein, als Fehler erwies, weil sie den Ort damit großzügig umfuhren.

Sie kehrten um, fuhren zurück, bogen wieder nach rechts, was das Links von vorhin war, weswegen Mireille Mathieu triumphierend grinste, und landeten auf der anderen Isarseite – allerdings in der Fußgängerzone.

„Kein Friedhof weit und breit", vermerkte die Herzoginwitwe süffisant.

„Irgendwo muss er ja sein. Die werden den Friedhof wohl kaum plattgemacht haben, um ein Einkaufszentrum darauf zu errichten", erklärte Selma.

„Das ist doch eine wunderbare Gelegenheit, unserem Jungelchen die Highlights von Mittenwald zu zeigen", fand Jeff Bridges, der die Kunst beherrschte, in allem das Beste zu sehen, auch und gerade mitten in der Nacht. „Schau, dafür ist die Stadt berühmt – Lüftlmalerei."

Im Zeitlupentempo fuhren sie durch den alten Ortskern.

Alfie betrachtete die gemalten Figuren an den Häuserfassaden. Aha, dachte er, die haben auch ein Graffiti-Problem, nur eben auf hohem Niveau.

„Lüftlmalerei, Fingerhakeln und Geigenbau", fuhr Jeff Bridges fort. „Tagsüber wimmelt es hier vor Touristen und Tischen zum Draußensitzen. Wie gut, dass wir nachts hier sind und alles für uns allein haben. Da vorn siehst du die Kirche Sankt Peter und Paul, eigentlich gotisch, wurde später barockisiert. Und da drüben ..."

„Könntest du bitte aufhören, den Fremdenführer zu spielen, und dir etwas mehr Mühe beim Suchen des Friedhofs geben?", unterbrach die Herzoginwitwe.

Sie bogen rechts ab, dann nach links, dann rief Mosche: „Da vorn, das kommt mir bekannt vor!"

Er zeigte auf ein Fahrzeug, an dessen Seite *Tortentaxi* zu lesen war.

„Kannst du immer nur an das Eine denken?", empörte sich die Herzoginwitwe. „Jetzt wird nicht gegessen!"

„Nein", widersprach Mosche, „links, wo der Wagen steht, die Straße – da geht es zum Friedhof."

Er sollte recht behalten.

Gleich darauf parkte der kunterbunte VW-Bus vor einem weißen Mäuerchen, das sichtlich ein Friedhofsmäuerchen war, und wenig später standen sie vollzählig – bis auf Yussef, den Mosche zur „Bewachung" des Fahrzeugs zurückgelassen hatte – vor dem berühmten Jesus am Kreuz, den alle Mittenwald-Touristen fotografierten, wenn sie sich denn auf den Friedhof verirrten. Wobei sich Alfie schon fragte, ob es Jesus bei seiner Rückkehr auf die Erde freuen würde, überall Kreuze zu sehen. Wenn John F. Kennedy zurückkehrte, würde er ja auch nicht überall Scharfschützen sehen wollen, oder?

Im Licht des Vollmonds erhob sich hinter dem Kreuz ... ein Bergzug. Alfie hatte keine Ahnung, welcher es sein konnte. Das Karwendel. Die Anden. Er kannte sich mit Bergen nicht so aus. Und Namen waren ohnehin Schall und Rauch und nur für Kreuzworträtsel gut. Aber eindrucksvoll war das Massiv schon, das musste er zugeben. Alle Gräber um die kleine Kapelle waren in Richtung der Berge ausgerichtet. Als ob man den Toten die schönste Aussicht gönnen wollte. Wer hier starb, war bestimmt zufriedener tot.

Für mitternächtliches Meditieren über die Erhabenheit der Berge war allerdings keine Zeit. Der Opa, über den Alfie immer noch keinerlei Hintergrundinformationen hatte, harrte darauf, ausgegraben zu werden.

„Hier", sagte Jeff, drückte Alfie einen Spaten in die Hand, zog einen Apfel aus der Hosentasche und biss kraftvoll zu. Mosche zündete sich eine Cohiba an und kraulte sich im Schritt. Mandy, Mireille und die Herzoginwitwe saßen etwas weiter seitlich auf einem Grabstein und schauten zu. Hugh Hefner und das Kannibalenhäschen, die schon die nächtlich abgeschlossene Pforte der Friedhofsmauer mit flinken Fingern geöff-

net hatten, waren in die Kapelle eingebrochen und ...
äh ... gingen dort vermutlich andächtig in sich.

„Und jetzt?", fragte Alfie

„Jetzt gräbst du Opa aus!"

Alfie schaute auf das Grab vor sich. Im Gegensatz
zu den vielen anderen gepflegten Gräbern, die meisten davon mit Kruzifix, viele davon noch mit üppigem
Blumenschmuck, obwohl die Verblichenen schon Jahrzehnte tot waren, war der Grabstein, vor dem er – im
Licht einer mitgebrachten Sturmlampe – stand, schlicht.
Er lag zwischen dem schmalen Kiesweg, der zur weißen
Kapelle führte, und dem grau besteinten Familiengrab
der Fellners, deren fünf Insassen angeführt wurden, darunter die *Jungfrau Cäcilie Fellner, Braumeisterstoch-
ter, gestorben nach länglichem Leiden, geboren Oktober
1906, gestorben April 1934*, beides in Mittenwald. Alfie
schluckte. 27 Jahre alt geworden und als Jungfrau gestorben. Er war zwar einen Hauch älter und auch im
engeren Sinn des Wortes keine Jungfrau mehr, aber er
fühlte mit Cäcilie – kaum gelebt, schon wurde einem
das Lebenslicht ausgeblasen.

„Wird das heute noch was?", zischelte die Herzoginwitwe in ihrem Bühnenflüstern.

„Pst!" Mireille legte den Finger auf die frisch nach-
gezogenen Lippen. „Du weckst ja die Toten auf!" In
ihrem hautengen, schwarzen Ganzkörperstrampler
war sie in der Dunkelheit beinahe nicht auszumachen.

„Ich werde mir hier noch den Tod holen!", empörte
sich die Herzoginwitwe.

„Dann bist du doch gleich am richtigen Ort, was
willst du?" Mireille Mathieu lächelte und saugte an
ihrer leeren Zigarettenspitze.

„Jungelchen, mach hin!", drängte Jeff Bridges.

Alfie wollte sich sperren, wollte erst wissen, wessen Totenruhe er da stören sollte, ergab sich aber schließlich in sein Schicksal.

Er stieß die Schaufel in die Erde. Die Erde stieß ihn zurück. Will heißen, er trieb die Schaufel circa ein Tausendstel von einem Millimeter ins Erdreich.

„Mann, geht das schwer", schnaufte Alfie nach dem dritten Versuch. Er brachte jedes Mal nur winzige Erdhäufchen auf die Schaufel. Auf diese Weise würde er noch in zwei Monaten gewissermaßen archäologische Ausgrabungen nachstellen. „Das ist bockelhart, wie betoniert", keuchte er schwer.

„Großer Gott, da kann ja kein Mensch zusehen", meckerte Mandy. „Lass mich mal!"

Sie riss ihm die Schaufel aus der Hand, stieß sie tief ins Erdreich und hub einen anständigen Haufen Erde heraus, den sie auf den Gehweg fallen ließ, um gleich darauf wieder wuchtig zuzustoßen.

Von wegen das schwache Geschlecht. Die macht bestimmt Krafttraining, dachte Alfie. Und weil er in seiner Ehre getroffen war, dachte er noch: total unweiblich.

Aber wie Mandy so im Mondlicht mit fließenden Bewegungen das Grab aushob, sah sie eigentlich ausgesprochen weiblich aus. Nach kurzer Zeit wurde ihr heiß; sie zog ihren Pulli aus und stand nur noch im BH und einem weißen Spitzenhemdchen vor ihnen. Ihre Pfirsichhaut glänzte im Mondlicht, kleine Schweißtropfen kullerten ihr ins Dekolletee. Ihr Hintern zeichnete sich unter der engen Hose prall und fest ab. Mosche hing die Zunge bis auf Kniehöhe, Alfie nicht. *Komisch*, dachte er. Ob ich schwul werde?

Auch Jeff Bridges war anderweitig beschäftigt. Mit einem Nachtsichtgerät musterte er die Umgebung.

Alfie las im Licht der Sturmlampe den Text auf dem schlichten Grabstein. *Hier ruht in Frieden unser geliebter Großvater Alois „Loisl" Killermann, 1.4.1912 – 4.1.2004. Wir vermissen dich.*

Alfie wollte eben fragen, ob das ein Verwandter von einem seiner Auftragsmörder war, als er Akkordschauflerin Mandy von unten aus dem Grab vernahm: „Kontakt!"

Man hörte, wie sie mit der Schaufel auf etwas klopfte. Sie richtete sich auf und strich sich die Haare aus dem verschwitzten Gesicht.

Alle versammelten sich um das Grab. Mosche Dajan beugte sich weit vor und murmelte: „Dass ich das noch erlebe!"

Auch die Herzoginwitwe schien gerührt. „Wisst ihr noch ... bei der Beerdigung? Ich habe geheult wie ein Schlosshund."

„Das erinnere ich aber anders. Du hast den Priester zur Schnecke gemacht, weil er aus einer Neuübersetzung der Bibel zitiert hat und nicht aus der klassischen Version", widersprach Mireille.

„Ich pflege grundsätzlich innerlich zu weinen, das ist vornehmer, ich bin ja kein Proll!", entgegnete die Herzoginwitwe eisig. „Man hat eben Stil oder man hat ihn nicht."

„Jungelchen, spring rein und hilf Mandy, den Opa hochzuhieven", befahl Jeff Bridges.

„Nee, ganz sicher nicht." Energisch schüttelte Alfie den Kopf. Grabschändung war das eine, aber Totenschändung? Ohne ihn! Er würde sich keinen Millimeter rühren, er würde ...

Zack! Jeff Bridges schubste ihn ins Grab. Unsanft kam er auf dem schweren Holzsarg zu liegen.

„Den Sarg kriegen wir hier ohne Flaschenzug nicht raus", meinte Mandy. „Der ist zu schwer."

„Wir brauchen auch nur den Inhalt", entgegnete Jeff Bridges. „An den Seiten befinden sich Laschen, die müsst ihr hochklappen, dann könnt ihr den Deckel abnehmen."

„Mir wird schlecht", kündigte Alfie an.

„Jungelchen, mach jetzt keine Sperenzien."

Wieder musste Alfie an die Leichen im Wildsee denken. Er, der er noch nie einen toten Menschen gesehen hatte. Und jetzt sollte er gewissermaßen den Sarg mit einem Großvater teilen? Er gab Würgegeräusche von sich.

Mandy hatte inzwischen alle Laschen geöffnet. „Raus hier", pflaumte sie Alfie an. „Aber nur, dass du es weißt: Du hast es dir hiermit verscherzt. Dein Anteil gehört mir."

„Was für ein Anteil?", raunzte Alfie und kletterte aus dem Loch.

„Was für ein Anteil?", fragte auch Jeff Bridges.

„Na, hier sind doch Goldbarren drin, oder? Eure gesammelten Ersparnisse. Mit dem Geld machen wir jetzt den Abflug." Mandy schien sich ihrer Sache sehr sicher zu sein.

„Geld?", rief Hugh Hefner, kam aus Richtung Kapelle angelaufen und beugte sich über das frisch ausgehobene Grab. Der Mann musste ein Fledermausgehör haben. „Was für Geld?"

Selma folgte ihm auf den Fersen. „Geld? Wo?"

„Ich hab's doch genau gehört!", rief Mandy. „Eure *Altersversorgung* ist hier drin!"

Jeff Bridges übernahm den Part, den sonst Mireille Mathieu spielte – er kicherte. „Altersversorgung, ja,

165

aber doch kein Gold. Nee, Kleines, mit Geld können wir nun wirklich nicht dienen. Wie kommst du nur auf die Idee, wir könnten Geld haben? Wenn wir Geld hätten, würden wir in einem Schloss an der Loire logieren oder in einer Penthouse-Wohnung in New York. Sicher nicht in einer baufälligen Bruchbude in Seefeld. Nichts für ungut."

„Was ist dann im Sarg?", wollte Mandy wissen. Sie sah auf den Deckel zu ihren Füßen. „Steht O.P.A. für irgendwas?"

„Okuläre Pulsamplitude, Optionally Piloted Aircraft, offenporiger Asphalt ..." Vor ihrer Sudoku-Sucht war die Herzoginwitwe eine besessene Kreuzworträtsel-raterin gewesen.

Jeff Bridges grinste. „Schau halt nach!"

Mandy hob den Deckel.

Alfie, den jetzt doch die Neugier packte, wie er ja auch als Angsthase bei Horrorfilmen manchmal durch die Finger vor den Augen lugte, leuchtete mit der Sturmlampe ins Grab.

Auf die Gefahr hin, dass ihn eine mumifizierte Leiche anspringen und ihm mit ihren bandagierten Händen den Kopf abreißen würde.

Zu seiner Erleichterung – gemischt mit einem Hauch Enttäuschung – war es dann aber doch keine Mumie. Und ebenso wenig eine sonstwie geartete Leiche.

Auf den ersten Blick konnte Alfie mehrere Schnell-feuergewehre, Pistolen und Handgranaten ausmachen. Oder es waren Kalaschnikows, Pumpguns und Revolver. Alfie kannte sich damit nicht aus. Aber was es auch war: Es glimmte gefährlich im Mondlicht.

„Heilige Scheiße!", wisperte er.

„Geil!", entfuhr es Mandy.

„Los, holt die Sachen raus, wir müssen hier weg, bevor wir Aufsehen erregen", befahl Jeff Bridges.

Nicht, dass – außer vielleicht dem Mond und ein paar versprengten Fledermäusen – irgendjemand von ihnen Notiz nahm. Mittenwald lag in seligem Schlummer. Den Gerechten war der Schlaf ja auch von oben her zugesagt. Nur ein paar Auftragskiller und ihr Pensionswirt schlugen sich die Nacht auf dem Friedhof um die Ohren.

Vorsichtig kletterte Alfie zurück ins Grab – ein wenig fürchtete er, die ganzen Geschosse könnten bei der geringsten Erschütterung von allein losgehen – und half Mandy, die Waffen herauszuheben, die die Alten daraufhin erstaunlich flink zum VW-Bus trugen. Schließlich war der Sarg leer und der Bus ein Waffenlager auf Rädern. Während die anderen die Sachen im Bus stapelten, gingen Mandy, Jeff und Alfie noch einmal zurück zum Grab.

„Okay, jetzt die Grube wieder zuschütten, dann sind wir fertig", befahl Jeff.

„Das mach ich jetzt wirklich nicht auch noch", erklärte Mandy, pustete sich eine Locke aus dem Gesicht und verschränkte in lautstarker Körpersprache die Arme.

„Ist ja gut." Alfie griff sich die Schaufel. Innerlich war er erleichtert, als er merkte, wie einfach es war, die von Mandy herausgehebelten Erdklumpen wieder ins Grab zu schaufeln. Er kam zwar gehörig ins Schwitzen, aber schon nach relativ kurzer Zeit war das Grab wieder dicht. Alfie klopfte die Erde noch ein wenig fest. Na bitte, so gut wie neu.

Voller Stolz richtete er sich auf. Geschafft, wollte er sagen und lässig die Schaufel schultern wie ein männliches Model auf einem Totengräber-Kalender – aber da kam Hugh Hefner gelaufen.

„Habt ihr meine Zähne gesehen?", nuschelte er.

Mandy und Alfie schüttelten die Köpfe.

„Wann hast du sie denn das letzte Mal im Mund gespürt, Ludwig?", erkundigte sich Jeff Bridges. Er hatte wirklich eine Engelsgeduld mit den alten Leuten. Vielleicht, weil er selbst so nah dran war. Oder sogar dazugehörte. Auf Alfie wirkte er immer noch alterslos.

„Als ich in die offene Grube gezeigt habe, weil jemand behauptet hat, da sei Geld drin." Hugh Hefner deutete auf das Grab, das nunmehr keine Grube mehr war, weil ja zugeschüttet.

Alfie flehte zu den Göttern, dass er das Nuscheln des Alten missverstanden hatte. Oder, falls er ihn doch richtig verstanden hatte, dass Jeff Bridges nicht sagen würde, was er befürchtete.

Er sagte es nicht. „Bist du dir da ganz sicher?", fragte er stattdessen.

Hugh Hefner nickte und blickte mit großen Dackelaugen in die Runde. „Das war mein letztes Gebiss. Jetzt habe ich keine Zähne mehr ..."

Und dann sagte Jeff Bridges es doch: „Jungelchen, heb die Grube wieder aus!"

Alfie tröstete sich damit, dass er wahnsinnige Muskeln entwickeln würde. Arnold Schwarzenegger sollte sich ruhig schon warm anziehen, und die Amis sollten schon mal üben, „Gänswein" auszusprechen. Seufzend begann er zu graben.

Mandy rauchte, Jeff Bridges pulte sich mit einem Messer den Dreck unter den Nägeln hervor, Hugh Hefner stand in seinem Satinmorgenmantel zitternd am Grab, die Hände tief in den Taschen vergraben. Es kühlte merklich ab, noch dazu setzte ein fieser Nieselregen ein.

Schließlich stieß Alfie wieder auf den Sarg.

„Vorsicht", warnte Mandy, „ein falscher Spatenstich und du musst die Zähne einzeln herauspopeln."

„Ja, mach das mal besser mit den Händen, Jungelchen", gab Jeff Bridges ihr recht.

Alfie murrte, ging aber auf die Knie und tastete mit den Händen über den Sarg. Wieso ließ er sich so herumkommandieren? War er nicht schließlich wer? Das Waldschlössl gehörte ihm, hatte er da nicht etwas mehr Respekt verdient? Aber insgeheim musste er zugeben, dass man keinem von den Alten den Abstieg in die Grube hätte zumuten können. Es war wie mit dem Sarg – ohne Flaschenzug hätte man sie nicht wieder herausbekommen.

„Hast du sie?", rief Mandy.

Alfie kochte innerlich. „Blöde Frage! Glaubst du, ich würde hier noch weiter herumwühlen, wenn ich sie gefunden hätte?" Es ekelte ihn, mit bloßen Fingern im Erdreich zu graben. Des Öfteren hatte er das Gefühl, auf etwas fleischig Weiches zu stoßen. Das waren bestimmt Maden, die sich in den Nachbargräbern an den Toten gütlich getan hatten ...

Mosche Dajan schlenderte herbei. „Die Frauen schicken mich. Ich soll fragen, wo ihr bleibt?" Er sah ins Grab zu Alfie. „Weit bist du mit dem Zuschütten aber noch nicht gekommen", stellte er fest und schüttelte mitleidig den Kopf.

„Es war schon alles fertig, aber ich musste es ja wieder ausheben. Wegen dem blöden Gebiss!", motzte Alfie, während er mit schlammverkrusteten Fingern, die schon ganz klamm waren, die Seiten des Sarges entlangfuhr und sich – natürlich – einen Spreißel einfing. „Scheiße!", fluchte er, aber es drang als unverständliches Gurgeln aus seiner Kehle.

„Hast du es?", rief Mandy von oben.

„Was für ein Gebiss?", fragte Mosche Dajan und schaute verständnislos.

„Seins", sagte Jeff Bridges und zeigte auf Hugh Hefner.

„Ja, meins. Ist mir vorhin ins Grab gefallen", nuschelte der.

„Meine Güte, wie viele Gebisse schleppst du denn mit dir herum?", staunte Mosche.

„Wieso? Nur eins."

Alle blickten Hugh Hefner an, den die anderen als Ludwig kannten. Aus der oberen Tasche seines Satinmorgenmantels lugte nicht nur ein elegantes Seidentaschentuch, sondern auch eine Zahnreihe. Sein Gebiss!

„Hoppla", kicherte Hugh Hefner.

Selbst Jeff Bridges rollte jetzt mit den Augen. „Ludwig, du kostest mich den letzten Nerv." Er schaute in die Grube. „Jungelchen, komm da raus und schipp das Grab wieder zu. Hurtig! Der Morgen graut bald!"

Der Regen wurde kräftiger. Was gut war, denn beim zweiten Zuschütten ging Alfie etwas schludriger vor und es blieb Resterde auf dem schmalen Weg, der zur Kapelle führte. Das Erdreich auf dem Grab von Opa Killermann – Killermann! Ha, wer sich das wohl ausgedacht hatte! Noch dazu mit diesem Geburtsdatum! – war demzufolge auch nicht mehr sanft aufgeworfen oder flach, sondern bildete eine Mulde. Beherzt tat Alfie das Unaussprechliche und klaute diverse Blumengebinde von einigen Nachbargräbern, die er auf das Killermann-Grab warf, damit die Mulde nicht so eklatant ins Auge stach. Auf seinem Raubzug entschuldigte er sich innerlich bei jedem einzelnen Grabinsassen, an dessen Blumen er sich vergriff. So viel Zeit musste sein.

Mandy, Mosche und Ludwig waren schon längst ins Trockene geflüchtet, nur Jeff Bridges lehnte im relativen Regenschutz an der Kapellenwand und hielt Alfie mental die Stange. Oder bewachte ihn, das war Interpretationssache.

„Dann mal los", brummte Jeff Bridges, als Alfie schließlich fertig war. Völlig fertig. Schwitzend im Regen – wenn das mal keine Erkältung gab. Ach was, Lungenentzündung! Er zog die von Jeff Bridges geliehene und somit viel zu weite Windjacke enger um sich. Der Spreißel in seinem Finger pochte, und er war sich ziemlich sicher, dass er auf die ganzen Blumengebinde allergisch reagierte. Und wie wurde es ihm gedankt? Gar nicht!

„Schneller", trieb Jeff Bridges ihn an.

Sie eilten zu der Pforte im Mäuerchen. Als Alfie sie schließen wollte, knarzte es. „Pst!", mahnte Jeff Bridges.

Alfie drehte sich zu Jeff um, sah den VW-Bus hinter ihm und schrie auf.

„Oh Gott, der Bus brennt!", rief er, als er das verqualmte Innere sah. Hatten ihre Feinde sie gefunden? Und die armen Greise mit einem Flammenwerfer ins Jenseits geschickt? Ihm wurde schlecht. Er meinte, verbranntes Fleisch zu riechen.

„Jungelchen, dass du keine Nerven wie Drahtseile hast, war mir ja immer schon klar, aber dass sie dünner als Bindfäden sind, überrascht mich jetzt doch ein wenig!" Völlig angstfrei öffnete Jeff Bridges die Fahrertür und setzte sich ans Steuer.

Die Qualmwolke, die Alfie aus der offenen Tür entgegenschlug, roch süßlich. Er hatte noch nicht oft gekifft, eigentlich erst ein einziges Mal, aber den Geruch vergaß man nicht.

Seine Greise rauchten Hasch!

„Beeilung!", trieb ihn Jeff Bridges erneut zur Eile.

Alfie hastete um den Bus herum und sprang auf den Beifahrersitz. In der Ferne blitzten Scheinwerfer auf. „Oh Gott, da kommt wer!"

Jeff startete den Motor.

„Wir haben doch keine Chance in diesem rostigen Oldtimer, der wird doch nur noch von der Farbe zusammengehalten!", jammerte Alfie, als die Scheinwerfer rasch näher kamen. Es mochte Esterhuysens Mörderbande sein, ein bayrischer Streifenwagen oder ein holländisches Wohnmobil, das war noch nicht auszumachen, aber es kam unaufhaltsam näher.

„Das schaffen wir nie!", rief Alfie. Der betagte VW-Bus hatte nicht einmal gegen das niederländische Wohnmobil eine Chance, dessen war er sich sicher.

„Keine Sorge, Jungelchen", beruhigte ihn Jeff Bridges und trat aufs Gas. „Der Bus ist gepimpt!"

13
Auf zum fröhlichen Halali!

Und los ging die wilde Fahrt!

Jeff Bridges hatte nicht gelogen: Der VW-Bus war dermaßen getunt, dass Alfie bei dem rasanten Start mit etwa dem Dreifachen seines Gewichts in den Sitz gepresst wurde wie ein Astronaut.

Die bekifften Alten im hinteren Teil des Fahrzeugs juchzten.

Alfie juchzte nicht. Er sah im Seitenspiegel, dass die Scheinwerfer mitnichten zu Oranje-Touristen gehörten, die nachts fuhren, um den Verkehrsstaus bei Tag zu entgehen. Nein, es war der Pitbull unter den Luxus-Geländewagen – ein Hummer. Schwarz, mit 22-Zoll-Alufelgen, getönten Scheiben und einem riesigen Frontgrill in Chrom. Alfie wusste es nicht, aber die Mordbuben in dem Hummer hatten vorn und hinten eine elektrische Sitzheizung, hörten motivierenden Killer-Rap aus einem BOSE-Soundsystem und bekamen Frischluft über die Klimaautomatik. Hätte er es gewusst, hätte er sie um diesen Luxus beneidet. Ihm war mangels Sitzheizung arschkalt, er hörte nur die albern kichernden Greise und fürchtete, in dem fast blickdichten Marihuana-Smog zu ersticken.

Alfies Verstand kreiselte wie die Fächer eines Ventilators, zersäbelte seine spatzengleichen Gedanken zu blutigen Fleischbällchen, die zu Boden fielen und einen wachsenden Stapel panischer Ängste bildeten.

Da waren einerseits die feindlich gesinnten Auftragskiller, die das farbenfrohe Lovemobil zweifellos jeden Moment mit eingebauten Raketenwerfern in einen Haufen Asche verwandeln würden. Ihnen zu entkommen war unmöglich. Ein klappriger VW-Bus mochte

Charisma haben, aber selbst, wenn er noch so gepimpt war, gegen einen Hummer hatte er keine Chance. Und kugelsicher waren die mit *Pril*-Blumen beklebten Busfenster auch nicht.

Dieses Mal fand Jeff Bridges gleich den Weg zur Bundesstraße. Dort angekommen, nahmen sie rasch an Fahrt auf. Wer immer den Wagen gepimpt hatte, hatte ganze Arbeit geleistet: Alfie hatte das Gefühl, wie weiland Münchhausen auf einer fliegenden Kanonenkugel zu sitzen. Panisch klammerte er sich an den Haltegriff über der Tür.

Seine andere große Sorge war sein Sitzplatz. Direkt neben dem Fahrer. Wo doch der sicherste Platz laut einer Studie der University of New York in Buffalo zweifelsfrei belegte, dass man im Falle eines Unfalls auf dem Mittelsitz im Fond am sichersten war. Jeder denkt, hinter dem Fahrer sei es am sichersten, weil der doch – wenn Gefahr droht – schon unbewusst so steuert, dass nicht seine Seite crasht, sondern die Beifahrerseite. Das war aber nur der zweitsicherste Platz. Neun von zehn Crashtest-Dummies hatten bestätigt, dass man hinten in der Mitte die wenigstens Blessuren davontrug. Eben dort, hinten in der Mitte thronte die Herzoginwitwe, die als Einzige nicht bekifft wirkte, und sie sah nicht so aus, als ob sie den Platz tauschen wollte. Zumal das jetzt auch kein besonders günstiger Zeitpunkt war. Ihre Verfolger holten rapide auf. Bildete Alfie sich das nur ein, oder spürte er ihren Atem in seinem Nacken?

Es war jedoch nur der Atem von Mosche Dajan, den er spürte. „Keine Sorge, Kleiner, die knall ich weg." Er beugte sich wieder nach hinten, kurbelte die Scheibe nach unten und schoss in die schwarze Nacht. Dabei lachte er wie ein Verrückter.

„Es zieht!", erklärte die Herzoginwitwe und schlang die als Stola dienende Wollmonstrosität enger um ihre Schultern.

„Getroffen!", freute sich Mireille Matthieu und tätschelte, quer über die Herzoginwitwe hinweg, das Knie von Mosche.

Irgendwo da draußen lag jetzt ein totes Reh am Straßenrand.

„Da vorn ist schon die Grenze", rief Alfie. Er fühlte sich erleichtert. Als ob es irgendeinen Unterschied machte, ob sie sich auf deutscher oder österreichischer Seite befanden. Wenn ihr VW-Bus unter dem Aufprall einer Rakete aus sowjetischen Restbeständen explodierte, waren sie tot, mausetot. Und zwar auf beiden Seiten der Grenze, da machte der Sensenmann keinen Unterschied. Und tot zu sein wäre in Österreich ebenso unlustig wie in Deutschland. Das nahm sich unterm Strich nichts.

Alfie schluckte schwer. „Drei ... zwei ...", zählte er die Kilometer bis zur Grenze mit.

„Geht das nicht schneller?", erkundigte sich die Herzoginwitwe spitz.

„Meine Liebe, willst du fahren?", gab Jeff barsch zurück.

„Sie hat aber nicht Unrecht", brüllte Hugh Hefner von hinten. „Die Mistkerle holen auf."

Man konnte die Gesichter in dem schwarzen Hummer schon erkennen.

Und dann hatten sie es geschafft: Die Räder des VW-Lovemobils rollten auf österreichische Erde. Was, wie nicht anders zu erwarten gewesen war, überhaupt keinen Unterschied machte. Der Hummer hatte sie nun eingeholt – und versetzte ihnen einen Stoß.

„Blöde Ärsche", schimpfte Mandy.

Kannibalin Selma wühlte vor sich im Fußraum. Als sie wieder auftauchte, hielt sie eine Handgranate umklammert. „Deutsche Wehrmacht?", las sie von der Granatenummantelung ab. „Wo um alles in der Welt habt ihr die her? Bei eBay ersteigert? Funktionieren die noch?" Sie klang belustigt.

„Es gibt nur einen Weg, das herauszufinden, nicht wahr, meine Liebe?", entgegnete Jeff Bridges und ging mit Schmackes in die Kurve. Der VW-Bus legte sich beängstigend schräg. Sechs Greise, zwei junge Menschen und ein Waffenlager, mit dem man ein komplettes Dritte-Welt-Land in Schutt und Asche legen konnte, womöglich gar ein Erste-Welt-Land, waren zu viel für das klapprige Gefährt.

Der Hummer war jetzt links neben ihnen. Gleich würde er versuchen, sie nach rechts von der Straße abzudrängen. Dort ging es zwar nicht sehr steil in die Tiefe, aber es ging in die Tiefe. Das würden sie zweifelsohne nicht überleben.

„Jetzt!", brüllte Jeff.

Selma kurbelte ihre Scheibe herunter und winkte dem jungen Mann zu, der auf der Beifahrerseite des Hummer saß und eine gefährlich aussehende Waffe durch das geöffnete Fenster hielt. Er ballerte los – aber da hatte Selma schon die Lasche von der Handgranate abgezogen und sie hinüber in den Hummer geworfen.

Wobei sie nicht wirklich in den Innenraum des Hummer traf, sondern in die Luft hinter dem Hummer. Die Explosion verschaffte ihnen trotzdem einen kleinen Vorteil. Einen klitzekleinen.

Nur wenige Sekunden später hatte der Fahrer des Hummer seinen Wagen wieder unter Kontrolle. Und hier, am Berg, hatte der VW gegen diesen keine Chance, egal, wie gepimpt er war.

„Mehr Granaten!", rief Jeff.

Alle wühlten im Fußraum, zogen an Laschen und warfen, was das Zeug hielt. Hinter ihnen donnerte und wetterleuchtete es. Leider war der Hummer allerdings gepanzert, daher kratzte es ihn wenig, ob neben ihm eine Eiche zu Zahnstochern zerschreddert wurde. Die Handgranaten hätten sogar auf ihn fallen können und hätten allenfalls einen kleinen Kratzer im Lack hinterlassen. Aber so gut konnten die Greise nicht mehr zielen. Schon gar nicht im bekifften Zustand. Was sie nicht daran hinderte, es zu versuchen.

Bis Selma „Hoppla!" sagte.

„Hoppla?", fragte die Herzoginwitwe mit mulmigem Unterton. „Was meinst du mit *Hoppla*?"

„Mir ist womöglich eine entsicherte Handgranate in den Fußraum gekullert ..." Selma zuckte mit den schmalen Schultern, legte den Zeigefinger auf die rot geschminkten Lippen und lächelte süßlich. In ihrer weit, weit, *weit* entfernten Jugend hatte sie vermutlich einmal wie Marilyn Monroe ausgesehen. Bestimmt trug sie im Bett nichts weiter als Chanel No. 5 – aber das war jetzt wahrlich kein Trost.

„Alle Handgranaten raus, sofort!", bellte Jeff.

Alfie war sich sicher, dass er seine Finger nie wieder vom Haltegriff des VW-Busses würde lösen können. Das musste man seinen pensionierten Auftragskillern lassen: Die waren nicht so leicht aus der Ruhe zu bringen. Andererseits hatten die ja auch nicht mehr so viel Lebenszeit vor sich, dass noch Anlass zur Panik bestanden hätte.

Alle begannen, sämtliche Handgranaten nach draußen auf die Straße zu werfen – manche noch gesichert, damit es schneller ging – und kicherten dabei, als hätten sie den Spaß ihres Lebens. Das musste definitiv das

Marihuana sein. Alfie fand die Situation kein bisschen komisch. Aber er bekam langsam Hunger ...

Hinter ihnen riss eine Explosion nach der anderen Löcher in die Bundesstraße. Als vom Hang eine Schlammlawine abging, weil Selmas entsicherte Handgranate den Weg nach draußen gefunden hatte, wurde der Hummer langsamer und der VW-Bus gewann an Vorsprung. Nicht dank Technik, sondern dank Dummheit. Aber hey, Vorsprung war Vorsprung.

Vor ihnen tauchte das Ortsschild von Seefeld auf.

„Sind wirklich alle Granaten draußen?", fragte Jeff.

„Das werden wir gleich merken." Selma lachte.

Alfie schloss die Augen und zählte bis zehn.

Und dann nochmal bis zehn. Die anderen bemerkten es und stießen sich grinsend mit den Ellbogen an.

„Bumm!", brüllte Ludwig alias Hugh Hefner von hinten.

Alfie kreischte wie ein Mädchen. Womöglich machte er sich auch nass. Die anderen amüsierten sich prächtig und lachten lauthals. Alle außer Alfie.

Und Yussef.

Yussef lachte nie.

14
Heute ist ein guter Tag zum Sterben

„Da geht's doch nicht zum Waldschlössl!", stellte Alfie fest, als Jeff Bridges in Seefeld vorzeitig nach rechts bog. „Oder doch?"

Eigentlich konnte Alfie gar nicht mitreden. Er kannte sich in Seefeld ja nun wirklich nicht aus. Was vielleicht anders gewesen wäre, wenn er auch einmal in Ruhe das Städtchen hätte erkunden können, anstatt andauernd irgendwelchen Mördern entkommen zu müssen. Womöglich war das ja eine Abkürzung zum Schloss.

Jeff Bridges schaute grimmig in den Rückspiegel. In der Ferne sah man Scheinwerfer. Ganz bestimmt hatte der Hummer wieder Witterung aufgenommen.

„My Schloss is my castle", sagte Jeff mit einer Stimme, die alte Männer für gute Ratschläge reserviert haben, „aber niemals den Showdown im eigenen Heim durchziehen! Das Aufräumen hinterher kostet den letzten Nerv, und wenn was zu Bruch geht, dann immer die Lieblingsstücke. Murphys Gesetz."

„Das ist jetzt unlogisch, mein Lieber", warf die Herzoginwitwe von hinten ein. „Wenn ich mich recht erinnere, haben die bei uns zu Hause vorhin schon alles kaputt gehauen, sogar die Ming-Vase am Eingang."

„Ich denke in größeren Dimensionen, meine Liebe, dagegen nehmen sich Vasenscherben harmlos aus. Ich spreche von einem finalen Showdown, damit endlich Ruhe herrscht. Wir müssen die ganze Bande auf einen Schlag loswerden."

„Showdown? Final? Was?", stotterte Alfie.

„Jungelchen, es ist kein Zeichen von Schwäche, wenn man flieht. Gewonnen hat, wer am nächsten Tag noch am Leben ist", fuhr Jeff Bridges in seinem Ratschlag-Tonfall fort. „Aber manchmal kommt der Zeitpunkt, an dem ein Mann sich seinem Schicksal stellen muss. Dieser Zeitpunkt ist da."

Alfie bekam eine Gänsehaut.

Und ehe er sich's versah, stand das quietschbunte Lovemobil vor einem großen Gebäude mit ein paar Steinklumpen und ganz viel Glas, das sich organisch in die Landschaft zu schmiegen schien. Hinter einem kleinen Rinnsal erhob sich im Mondlicht eine weiße Kapelle und ganz weit dahinter das Karwendelspitzmassiv. Über allem aber lag die Nacht.

Alfie erinnerte sich, dass er an seinem allerersten Tag in Seefeld bis hierher spaziert war, bevor er dann umkehrte. Das Olympia Sport- und Kongresszentrum. Stimmt, fiel ihm wieder ein, hier in Seefeld waren 1964 und 1976 die nordischen Disziplinen der Olympischen Winterspiele ausgetragen worden. Irgendwo hatte er auf seinem allerersten Rundgang auch ein Schild mit den Olympioniken aus Seefeld gesehen. Hier war man noch stolz auf seine Sportler. Aber wozu mitten im Ort an historischer Stätte den Showdown mit den Hummer-Killern veranstalten? Wäre eine einsame Waldhütte dazu nicht besser geeignet? Oder, noch besser: gar kein Showdown! Dann kämen zumindest alle mit dem Leben davon ...

„Warum gehen wir denn nicht zur Polizei?", versuchte Alfie es erneut. Der Respekt vor der Staatsmacht war einfach zu tief in ihm verankert. Mandy interpretierte seine Frage anders.

„Du Angsthase. Bleib halt im Bus, wenn du zu viel Schiss hast!" Wieder pustete sie sich eine Haarsträhne aus dem Gesicht. Er hasste es, wenn sie die Power-Amazone heraushängen ließ. Das tat sie doch absichtlich, um ihn wie eine ausgelutschte Lusche aussehen zu lassen! Wenn es hart auf hart kam, was wollte sie dann groß tun? Ihr Akkordeon werfen? Die Angreifer in den Wahnsinn jodeln?

„Ich habe keine Angst!", erklärte er.

„Hast du doch."

„Hab ich nicht!"

„Kinder, gebt Ruhe. Das hier ist ernst. Volle Konzentration." Jeff Bridges sprach ein Machtwort und fuhr den VW-Bus direkt vor den Haupteingang, wo alle heraussprangen und erst einmal tief Luft holten. Alfie sah sich um. Der Ort lag in tiefem Schlummer. Drüben – mitten im Trockenen – stand das Seekirchl und glänzte weiß im Mondlicht. Oben am Himmel leuchteten die Sterne. Idylle pur.

Wäre da nicht, auf leisen Sohlen wie ein Panther, der schwarze Hummer vorgefahren. Er pirschte sich am Hotel Hocheder vorbei und parkte vor den Tennisplätzen, auf dem schmalen Fußweg, der zum Kino führte.

Wie auf ein geheimes Stichwort griffen alle zu den Waffen.

Wenn klapprige Greise Schnellfeuerwaffen schulterten, konnte Alfie als junger, kerniger Mann natürlich nicht zurückstehen. Er krallte sich das Erste, was ihm in die Finger kam. Es war schwarz und aus Metall, entweder eine Pistole oder ein Revolver, aber ganz sicher eine Handfeuerwaffe. Der Griff war ergonomisch, wie die Handschmeichler, die sie früher im Kunstunterricht gebastelt hatten. Dennoch bekam Alfie eine Gänsehaut. Er hatte noch nie jemanden umgebracht. Am nächsten war er Mord bislang gekommen, wenn er einen Keks so lange unter die Milchoberfläche drückte, bis keine Bläschen mehr aufstiegen.

Sollte sich das heute ändern? Würde er gleich einen Menschen töten?

„Sind alle bis an die Zähne bewaffnet?" Jeff Bridges sah in die Runde. Alle nickten. „Dann los."

Jeff machte den Anfang.

„Hatari!", rief Mireille Mathieu und reckte die Rechte, in der sie eine Pumpgun hielt, nach oben.

„Halali, meine Liebe, du meinst Halali", korrigierte die Herzoginwitwe, ihrerseits mit einer Art Raketenwerfer behängt. „Wiewohl ich *Hatari!* sehr gern gesehen habe. Mit John Wayne in der Hauptrolle. Ja, das waren noch Männer." Abschätzig musterte sie ihre Begleiter.

„War das nicht dieser Großwildjägerfilm?" Mandy klang pikiert. Wenn es um Tiere ging, verstand sie keinen Spaß. Apropos Tiere ...

„Yussef!", rief Mosche Dajan. „Hat jemand Yussef gesehen?"

„Boar ey, ein Tyrannosaurus Rex!" Jetzt erst entdeckte Mandy die Skulptur auf der Grünfläche vor dem Eingang. Sie lief darauf zu, ihre diversen Gewehre klapperten. „Macht mal jemand ein Handyfoto von mir und ihm?"

Die kleine Skulptur – von der Größe her allenfalls ein Baby-T-Rex, weswegen man sie auch leicht übersehen konnte – glänzte metallisch im Mondlicht.

„Wie gesagt, Akku leer", wiederholte Jeff Bridges, weil er das ja schon vorhin gesagt hatte.

„Sonst hat niemand ein Smartphone?" Mandy konnte es nicht glauben. „Echt keiner?" Mit einem Schlag fühlte sie sich in jene graue Vorzeit zurückversetzt, in welcher der echte T-Rex noch über die Erde streifte.

Alfie hätte nicht gemusst, zumal er sie nicht leiden konnte, aber irgendwie war da trotzdem eine Verbindung zwischen ihnen – und man musste zugeben, dass sie in dieser Krisensituation die Nerven behielt. Er zog also sein altes Motorola-Handy aus der Hosentasche, mit dem man nichts weiter konnte als telefonieren – und Fotos schießen.

„Aber kein dussliger Schnappschuss, verstanden? Ich will aussehen wie Heidi Klum!", befahl Mandy.

Ist doch kein Problem, so hübsch wie du bist, wollte Alfie sagen, sagte es nicht und schoss ein Dutzend Fotos. Auf denen sie, was sich allerdings erst später herausstellen würde, leider nicht wie ein Model aussah. Jedes einzelne Foto war mies. Es gab Menschen, deren Aura in der Zweidimensionalität rapide verblasste. Mandy gehörte eindeutig dazu. Der T-Rex war dagegen fotogen.

Mittlerweile hatte Hugh Hefner den Haupteingang geknackt.

„Kinder, hierher!", rief Jeff Bridges und trieb die ganze Truppe in die Lobby. „Es ist halb vier. Um fünf kommt die Putzkolonne, bis dahin müssen wir hier fertig sein. Verschanzt euch!" Mit ausgestrecktem Arm wies er auf diverse strategische Punkte: die Informationstheke mit der Kasse, den Eingang zum ebenerdigen Veranstaltungssaal, die Empore mit dem Restaurant.

Unschlüssig blieb Alfie mitten in der Lobby stehen. „Und was, wenn die Fieslinge sich nicht an den Zeitplan halten und uns nicht vor fünf Uhr angreifen?", wollte er wissen.

Jeff Bridges schenkte ihm ein schiefes Lächeln. „Oh, das werden sie."

Und als hätten die Fieslinge ihn gehört, fuhr draußen ein weiterer Hummer vor, der den knallbunten VW-Bus einfach mit der Schnauze ins Grün schob und dann selbst vor den Glastüren stehen blieb.

183

Das Spiel hatte begonnen. Allerdings ein Spiel, bei dem es nicht ums Dabeisein ging, sondern ums Überleben ...

Mucksmäuschenstill war es im Olympia Sport- und Kongresszentrum von Seefeld in Tirol. Kein Laut war zu hören.

Bis auf die Stimme der Herzoginwitwe. „Grundgütiger", moserte sie, „das ist ja wohl der unbequemste Stuhl, auf dem ich je gesessen habe." Sie hatte ihren schmalen Altfrauenhintern auf den Hocker hinter der Kasse gepflanzt und ihr schweres Maschinengewehr, mit dem sie auf den Haupteingang zielte, auf der Empfangstheke platziert.

„Noch besteht die Möglichkeit, dass du nach Texas ausgeliefert wirst, wo du wegen des Gouverneurmordes anno '72 auf dem elektrischen Stuhl landen würdest", rief Mireille Mathieu hinter einem Gummibaum-Ensemble am Eingang zum Veranstaltungssaal. „Ganz sicher als Sitzmöbel noch unbequemer."

„Yussef?", war Mosche Dajan von der Empore zu hören.

Alfie und Mandy kauerten hinter einer Sitzgruppe. Wo Hugh Hefner und Selma abgeblieben waren, hatte Alfie nicht mitbekommen.

Jeff Bridges stand furchtlos mitten in der Lobby, einen breiten Patronengürtel über der Brust und ein Maschinengewehr im Anschlag. Er sah aus wie Sylvester Stallone in *Rambo*, nur mit bekleidetem Oberkörper. Aber ebenso zu allem entschlossen.

Draußen, vor den Eingangstüren, sah man Augusto Esterhuysen aus dem zweiten Hummer steigen. Er sah blendend aus. Offenbar empfahl das *Handbuch für den*

Gentleman als Bekleidung für einen Showdown schwarze, handgenähte Herrenstiefel aus Italien, schwarze Flanellhosen, einen schwarzen, schmal geschnittenen Ledermantel von Marc Jacobs und einen lose geschlungenen schwarzen Schal. Dazu – farblich passend, ebenfalls in Schwarz – ein maßgefertigtes G36-Schnellfeuergewehr der Firma *Heckler & Koch*, lässig von der Schulter baumelnd.

„Esterhuysen", sagte Jeff Bridges zur Begrüßung, als dieser in die Lobby trat.

„Ich wollte nur, dass du weißt, wer über dich triumphiert", antwortete Esterhuysen mit seinem charmanten, argentinischen Akzent, der gar nicht zu solchen Drohungen passte. Damit sollte man gutes Essen bestellen oder einem geliebten Menschen zärtliche Nichtigkeiten ins Ohr flüstern, keine Todesdrohungen ausstoßen. Hinter Esterhuysen fuhr noch ein weiterer Hummer vor. Er musste den europäischen Gesamtbestand an Hummer-Mobilen aufgekauft oder wenigstens geleast haben. Man sah Dutzende Männer, alle ebenfalls in Schwarz, an den zahlreichen Glasfronten der Olympiahalle vorbeihuschen und in Deckung gehen. Das Verhältnis zwischen Senioren und Esterhuysens Killern betrug gefühlt eins zu zehn.

„Hast du wirklich nichts Besseres zu tun, als einen Haufen alter Menschen in die Luft zu jagen?" Auch Jeff Bridges machte eine gute Figur. Nicht so elegant, dafür ungeheuer männlich und unerschrocken im Angesicht des sicheren Todes. Wie Gary Cooper in *High Noon*. Alfie schoss ein Handyfoto zur Erinnerung.

„Jeder braucht ein Hobby." Esterhuysen lächelte maliziös.

„Warum, Esterhuysen, warum? Wir hatten nie eine Auseinandersetzung mit dir, wir nehmen dir keine Aufträge weg, wo liegt dein Problem?" Jeff schien es wirklich nicht zu verstehen.

Esterhuysen kam einen Schritt näher. Alle hoben ihre Waffen, auch Alfie, der gar nicht wusste, wie er seine bedienen sollte. Musste man vorher nicht irgendwas entsichern? Er drückte ein wenig daran herum.

„Vielleicht habe ich ein Problem mit alten Menschen." Aus Esterhuysens Stimme klang Spott. „Vielleicht will ich mir von euch siechen Alten nicht vorführen lassen, wie meine Zukunft aussieht. Ihr raubt jungen, gesunden, einsatzfähigen Menschen allein dadurch, dass ihr existiert, Luft, Lebensraum und Unbeschwertheit. Möglicherweise möchte ich der Überalterung der Gesellschaft entgegenwirken und fange mit euch an." Er grinste. „Oder vielleicht macht es mir auch einfach nur Spaß. Ich habe mein Hobby zum Beruf gemacht. Manchmal muss ich mir in meinem Beruf auch wieder in Erinnerung rufen, dass er gleichzeitig mein Hobby ist."

Der hat sie doch nicht alle, dachte Jeff Bridges, der ist völlig plemplem, zu einhundert Prozent gaga.

„Du bist echt ein Spinner", sagte er demzufolge.

„Nenn mich nicht Spinner!", zischte Esterhuysen.

Etwas huschte plötzlich über den Boden.

„Yussef!", rief Mosche Dajan.

Esterhuysen richtete sein Schnellfeuergewehr nach unten.

„NEIN!", gelte Mosche Dajan.

Irgendwo löste sich ein Schuss. Esterhuysen wurde mitten in die Brust getroffen und nach hinten katapultiert.

Und dann brach die Hölle los. Esterhuysens Männer zerschossen mit einer Katjuscha die Glasfront der

Olympiahalle. Es hagelte Scherben. Und gleich darauf Schüsse.

Über den Boden robbend brachte sich Jeff Bridges in Sicherheit. Die Herzoginwitwe ballerte aus ihrem Maschinengewehr. Mireille Mathieu feuerte hinter den Gummibäumen hervor.

Alfie duckte sich in Embryonalstellung und starrte auf die Waffe in seiner Hand, aus der sich der erste Schuss gelöst hatte. Sie war wohl doch schon entsichert gewesen.

Er hatte seinen ersten Menschen ermordet. Alfie schluckte schwer.

Zwei Vermummte zogen Esterhuysen nach draußen. Der Raketenwerfer zerschoss die nächste Glasfront. Sie warfen offenbar auch Sprengsätze, denn Teile der Empore stürzten mit großem Getöse ein. Wild um sich schießend hechtete Mosche Dajan die Treppe herunter.

Hugh Hefner und Selma kamen – nur mit Badetüchern bekleidet – aus Richtung der Saunalandschaft gelaufen und riefen: „Geht's schon los?" und „Nicht ohne uns anfangen!"

Die Herzoginwitwe feuerte laut juchzend ihr Maschinengewehr leer, Mireille Mathieu schoss erst nach links, dann nach rechts, dann wieder nach links – und jedes Mal nahm sie dabei eine sexy Stellung ein, als würde sie für ein Fotoshooting von *Women & Guns* posieren. In ihrem schwarzen Strampler sah sie aus wie Catwoman.

Als sich einer von Esterhuysens Männern durch die zerschossene Tür vorwagte, sprang Selma ihm auf den Rücken und verkrallte sich in ihm. Sie rief noch: „Mist, meine Fingernägel sind abgebrochen!", dann biss sie ihm herzhaft in den Hals.

Aus einem riesigen Colt mit Perlmuttgriff gab Hugh Hefner einen Schuss ab. Der Rückstoß war so heftig, dass er ihn nach hinten gegen das Treppengeländer katapultierte. Stöhnend blieb er liegen und hielt sich mit schmerzverzerrten Zügen das Bein. „Immer auf dieselbe Stelle", stöhnte er.

Mosche Dajan rannte wild um sich ballernd zu Yussef, hob ihn auf, steckte ihn vorsichtig in sein Hemd – wie eine Känguru-Mutter ihr Kleines in den Beutel – und rannte erneut wild ballernd in Deckung.

Wenn sie in diesem Tempo weiterfeuerten, würde ihre Munition nicht mehr lange reichen. Opas Sarg war zwar voll gewesen, aber für eine Schlacht dieses Ausmaßes nicht voll genug.

Draußen, in Seefeld, gingen überall die Lichter an. Überall griffen Hotelgäste zu hausinternen Telefonen, um sich beim Nachtportier über den Lärm zu beschweren. Anwohner griffen zum Hörer, um Polizei und Feuerwehr zu verständigen. In der Ferne hörte man eine Sirene.

„Code blau!", brüllte Jeff Bridges und robbte durch den Kugelhagel in den hinteren Teil der Anlage. „Code blau!"

Alle – bis auf Mandy und Alfie – folgten Jeff Bridges wild um sich schießend.

„Code blau heißt dann wohl Rückzug", rief Alfie und wollte seinen Senioren folgen. Da spürte er den kalten Lauf einer Waffe an seiner Stirn.

„Nicht so schnell."

Es war Mandy, die ihm ihre Waffe an die Stirn hielt.

Alfie verstand die Welt nicht mehr. „Was? Wie? Du ... du arbeitest für Esterhuysen?!"

Mandy lachte humorlos auf. „Gott, bist du blöd. Nein, ich kenne diesen Esterhuysen gar nicht. Aber ich weiß, wann sich mir eine Gelegenheit bietet, die ich nicht ausschlagen kann." Um sie herum schlugen Kugeln in die Wand. Ein riesiges Baufahrzeug mit einer Abrissbirne kam lautstark angefahren. Ein surrendes Geräusch ertönte, dann schlug die Birne in die Wand der Olympiahalle ein. Staub wirbelte auf. Man hörte Springerstiefel über Geröllmassen hechten.

„Kommt ihr jetzt endlich ... für ein Schäferstündchen ist später noch Zeit!", rief Jeff Bridges und winkte Mandy und Alfie zu einer der hinteren Türen, auf der Nur Für Personal stand. „Zack, zack!"

Mandy packte Alfie am Kragen und stieß ihn zu der Tür, ohne die Knarre von seiner Schläfe zu nehmen.

Alfie glaubte zu träumen. In Hollywoodfilmen war es doch auch oft so. Mitten in den unglaublichsten Geschehnissen schlug der Held plötzlich die Augen auf und hatte alles nur geträumt. Alfie schloss die Augen, schlug sie wieder auf ...

... und lag in seinem Bett, die Wärmflasche auf dem Bauch, eine dampfende Tasse Tee auf dem Nachttisch und alles war gut mit der Welt.

Nein, Pech. Alles nur geträumt.

Ein höllischer Schmerz brannte plötzlich an seinem Oberschenkel und etwas Feuchtes floss sein Bein hinunter. Alfie musste nicht nach unten schauen, um zu wissen, dass ihn eine Kugel getroffen hatte. „Ich bin getroffen!", schrie er.

„Das muss dich nicht weiter jucken, Blödmann", tröstete ihn Mandy. „Du bist eh gleich tot."

15
Helden der Arbeit

Proaktiv werden!

Während der Stolz der Gemeinde Seefeld in Schutt und Asche gelegt wurde und über dem Dach ein Hubschrauber kreiste, trieb Jeff Bridges seine Herde Auftragskiller durch einen langen Wartungsflur dem rettenden Hinterausgang zu – wie einst Hüte-Schweinchen Babe.

Eine gewaltige Explosion ertönte. Die Mauern der Olympiahalle erzitterten. Die Flüchtenden ahnten es nicht, aber in diesem Moment segelte der Tyrannosaurus Rex in hohem Bogen durch die Luft und krachte durch das Dach ins Erlebnisbad, wo er einen kleinen Tsunami auslöste und einen Springerstiefelträger, der nicht schwimmen konnte, in Todesängste versetzte.

„Ich hoffe, du bist zufrieden mit dir", höhnte die Herzoginwitwe dem Rücken von Jeff Bridges zu. „Falls wir nicht von Esterhuysens Leuten erschossen werden, wird uns die Polizei ergreifen, und wir fristen dann unseren Lebensabend in einer Tiroler Justizvollzugsanstalt."

„Immer noch besser als in dem Knast in Teheran, in dem ich einmal zwei Monate einsaß", befand Mosche Dajan, auf dessen Schulter Yussef thronte. „Wir schliefen fünfzig Mann hoch in einer Großraumzelle. Für Verpflegung musste man selbst sorgen. Wer keine Verwandten hatte, die ihm Essen brachten, verhungerte! Es war die Hölle. Aber immerhin lernte ich dort meinen Yussef kennen." Strahlend kraulte Mosche Dajan seinen Gefährten hinter dem Ohr.

„Vertrau mir", rief Jeff Bridges über seine Schulter der Herzoginwitwe zu. „Es läuft alles haargenau nach Plan."

„Das war dein Plan?" Sie klang entsetzt.

„Aber sicher doch. Wir setzen uns jetzt gepflegt ab, während Esterhuysens Männer sich mit der Polizei einen Schusswechsel liefern und schließlich überwältigt werden. Was bedeutet, dass wir von nun an vor denen sicher sind. Wir müssen nur rechtzeitig hier raus. Selma, das hier ist wirklich der richtige Weg. Kein Zweifel möglich, oder?"

„Absolut sicher!" Kannibalin Selma streckte den Arm aus. „Ich komme drei Mal die Woche zur Seniorenwassergymnastik her, ich kenn mich hier aus!"

Alfie sah, dass sie – bislang – keine Verluste zu beklagen hatten. Die Mannschaft war vollzählig. Mireille Mathieus Perücke war allerdings schneeweiß vor Geröllstaub und Hugh Hefner hinkte, ebenso wie er selbst.

Und dann standen sie vor einer grünen Tür. Es war keine Fluchttür, die sich problemlos von innen entriegeln ließ, sondern ein wuchtiges Teil mit einem kompliziert wirkenden Schloss.

„Ludwig, deine Zauberfinger sind gefragt." Jeff Bridges trat zur Seite. Jetzt erst bemerkte er das Humpeln. „Ludwig, dich hat's erwischt?"

Hugh Hefner schüttelte den Kopf und kniete sich vor die Tür. „Nein, ich glaub, ich hab mir das Bein gebrochen. Selma ist versehentlich auf mich gefallen ... vorhin ... äh ... als wir in der Sauna unsere Waffen ... äh ... einsatzfähig gemacht haben. Und der blöde Rückstoß gab mir wohl den Rest ..."

Mireille Mathieu kicherte.

Die Herzoginwitwe rollte mit den Augen. „Ich möchte nur einmal, nur ein einziges Mal mit Profis arbeiten!"

„Äh ...", machte Alfie, verstummte aber gleich wieder, weil Mandy ihm ihre Knarre ins Kreuz drückte.

Die Schlacht in der Lobby war noch nicht zu Ende gefochten. Über das Dröhnen der Hubschraubermotoren hinweg hörte man zwar eine Megaphonstimme – „Hier spricht die Polizei, ergeben Sie sich und legen Sie Ihre Waffen nieder!" –, aber gleichzeitig schien die Abrissbirne einen weiteren Teil der Hallenwand zum Einsturz zu bringen. Nach wie vor wurden Maschinengewehre abgefeuert.

„Ich frage mich, welches Kopfgeld Esterhuysen auf uns ausgesetzt hat, dass seine Jungs so verbissen kämpfen?", sinnierte Jeff Bridges.

„Geld, pah! Die sind doch alle auf Droge", lästerte die Herzoginwitwe. „Das hätte es zu unserer Zeit nicht gegeben. Aber heutzutage züchten sie mit Crystal Meth seelenlose, kalte Tötungsroboter ohne Gefühl heran. Schöne, neue Welt. Ha!"

„Äh ...", machte Alfie.

„Hab's", rief Hugh Hefner, stand auf und öffnete die Tür. „So, die darf jetzt nur nicht wieder zufallen. Zwei Mal hintereinander schaff ich das nicht." Er strahlte. „Wir sind frei."

„Nicht so schnell!" Mandy gab einen Schuss ab. Nur in die Decke, nur um die Aufmerksamkeit auf sich zu lenken, dennoch wurden Alfies Knie butterweich.

Überrascht drehten sich alle zu ihr um. Mandy stand völlig ungerührt. Das war ja auch leicht, da sie wusste, dass kaum noch einer Munition hatte. Für die restlichen Kugeln diente ihr außerdem Alfie als Ganzkörperschutzschild. „Ich werde leider die Einzige sein, die das Trümmerfeld hier verlässt, sorry."

Sie trat einen Schritt zurück und zog aus der hinteren Hosentasche eine weitere Handfeuerwaffe. Somit hatte sie nun für jeden einen Schuss übrig, außer vielleicht für Yussef, aber ein Tier würde sie ohnehin nie erschießen. Sie glaubte fest an den Tierschutz – und daran, dass man mit jeder Energiesparlampe einen Eisbären rettete.

„Wieso?", rief Alfie. Er fühlte sich nachgerade persönlich verraten. „Wieso hast du dich als Esterhuysens Agentin bei uns eingeschleust? Für Geld?" Ihm fielen die Worte der Herzoginwitwe wieder ein. „Für Crystal Meth?"

„Seh ich etwa aus wie ein Meth-Junkie?" Mandy war empört. „Und wie oft muss ich dir noch sagen, dass ich Esterhuysen überhaupt nicht kenne! Du nervst!" Sie pustete sich eine Locke aus dem Gesicht.

„Sic sagt die Wahrheit", pflichtete Jeff Bridges ihr bei. Er sah sie aufmerksam an. Sie erwiderte seinen Blick. Fest und direkt.

„Wie lange weißt du es schon?", wollte sie wissen.

„Eure Ähnlichkeit ist frappierend."

Von fern hörte man ein Ächzen, als ob die Mauern der Olympiahalle sich überlegten, wie lange sie das noch mitmachen wollten, bevor sie sämtlich einstürzten.

„Ergeben Sie sich!", rief die Stimme aus dem Hubschrauber.

Woraufhin allerdings nicht weniger Schüsse fielen, sondern mehr.

„Warum?", fragte Mandy nur.

„Kann mir mal einer sagen, worum es hier geht?", wollte Alfie wissen.

„Könnten wir das nicht zu Hause besprechen, hier wird es sicher gleich ungemütlich", warf die Herzoginwitwe ein.

„Matthias Gänswein ist nicht tot!", verkündete Mandy.

Alfie bekam erst große Augen und dann vor Schreck Schluckauf. Die anderen reagierten eher verhalten. So, als ob sie es schon wüssten.

„Aber ...", setzte Alfie an. Doch er war nicht Teil dieser Unterhaltung zwischen Mandy und Jeff Bridges.

„Du bist nicht Jonathan Peters, du bist Matthias Gänswein." Mandy richtete die Waffe auf Jeff Bridges. „Du bist mein Vater."

Alfies Schluckauf endete abrupt. Schocktherapie. Wirkt immer. „Äh ... was?"

Mandy wirkte sichtlich angefressen. „Ich habe Jahre gebraucht, bis meine Mutter mir die Wahrheit gesagt habt. Mein Vater war nicht mein Vater, ich war das Produkt einer Nacht der Leidenschaft mit einem Frauenflüsterer, den sie eigentlich hätte verhaften sollen, von dem sie sich aber stattdessen verführen lassen hat."

„Ah, ich erinnere mich ... Wien ... fast dreißig Jahre ist es her. Die süße Polizistin mit dem Pferdeschwanz." Jeffs Blick wanderte in das Paralleluniversum der Erinnerung, wo er ein wenig verharrte, um dann ein Lächeln auf Jeffs Lippen zu zaubern und in die hiesige Realität zurückzukehren. „Eine Nacht ähnlich dieser. Eine Razzia in einem Hinterzimmer. Gefahr ist ein ungeheurer Libido-Verstärker."

„Kannst du dir vorstellen, wie ich mich fühlte, als ich herausfand, dass mein leiblicher Vater ein international gesuchter Auftragsmörder ist?", rief Mandy. „Und dass ich nicht sein einziges Kind bin, sondern nur eins von ... von wie vielen? Dutzenden? Hunderten? Tausenden?" Letzteres brachte Mandy offenbar mehr auf als die Tatsache ihrer Unfallzeugung.

Verschämt winkte Jeff Bridges ab. Verschämt, aber stolz. „Zwanzig, dreißig ... mehr sicher nicht."

„Und als ich dich endlich hier in Seefeld aufgespürt habe, muss ich erfahren, dass du seit Jahren als vermisst giltst. Ich schleuse mich unter dem Namen Irschtaler – zufällig mein richtiger Name! – in die Kanzlei von Rinnerthaler ein, mache ihn darauf aufmerksam, dass man dich nach sieben Jahren endlich offiziell für tot erklären sollte, und natürlich hoffe ich, dass ich deine Alleinerbin werde und die Millionen bekomme, die du als Auftragsmörder erwirtschaftet hast. Aber nein, du hast in deinem Testament den Idioten bedacht. Der Idiot muss also weg. Und auf wen treffe ich da? Den Rudi! Kommt eines Tages in einer der berüchtigt langen Mittagspausen vom Rinnerthaler in die Kanzlei spaziert, erklärt, er sei der legitime Nachkomme von Matthias Gänswein, und will wissen, wie viel er jetzt erbt. Ich hab ihm gesagt, dass er wegen des Testaments gar nichts bekommt, und ihm vorgeschlagen, den Idioten auszuschalten, damit wir uns das Erbe teilen können. Er hat ja gesagt. Aber der Rudi war ein Griff ins Klo."

„Welcher Rudi?" Alfie verstand nur Bahnhof. Ihm war lediglich klar, dass sie ihn meinte, wann immer sie vom Idioten sprach.

„Der *Dings*. Dieser saudämliche Vollpfosten, der es fünf Mal vermasselt hat, dich Idioten umzubringen." Giftig sah sie Alfie an. „Am Bahnhof in München hat er nicht heftig genug zugestoßen, dann schießt er daneben und trifft den Rinnerthaler, im Casino ist die Vergiftungskiste schiefgegangen, und für den See hat er offenbar die Fußfesseln nicht eng genug geschnürt. Und als er dich dann in der Küche erschießen will, trifft er stattdessen mich. Der Depp ist mehr mit dir verwandt als mit mir, so viel steht fest." Es hätte nicht viel gefehlt und sie hätte ausgespuckt.

Der Lärm in der Lobby nahm ab. Die Einsatzkräfte standen offenbar kurz vor dem Sieg.

„Die Zeit läuft uns davon, ich sollte zum Ende kommen. Rudi hat als Handlanger und Fahrer für Esterhuysen gearbeitet, so erfuhr ich von Esterhuysens Plan, euch Greise auszuschalten. Was mir egal war, ich wollte ja nur an die Millionen meines Erzeugers. Hauptsache also, der Idiot stirbt. Wie, war mir auch egal. Doch der ist unkaputtbar. Dem sein Schutzengel schiebt freiwillig Überstunden noch und nöcher."

Alfie war nicht davon überzeugt, dass ihn sein Workaholic-Schutzengel auch kugelsicher gemacht hatte. Nicht, wenn man aus nächster Nähe auf ihn schoss. Wieder hielt ihm Mandy die Waffe an die Schläfe. „Ich habe mir im Waldschlössl deine Haare besorgt, *Papa*. Der DNA-Test wird beweisen, dass ich die Tochter von Matthias Gänswein bin. Rudi ist tot, Alfie auch gleich. Dann gibt es nur noch mich. Und bis eines deiner anderen Kinder auf den Trichter kommt, bin ich mit dem Geld schon längst in der Karibik." Jetzt, wo sie sich freute, sah sie wieder richtig süß aus.

„Moment", wandte Alfie ein. „Ich bin doch eh nur der Neffe. Du musst mich nicht umbringen."

„Jungelchen, ich mag dich, aber du warst bestimmt eine Sturzgeburt und bist auf dem Kopf gelandet, oder?" Jeff Bridges kraulte sich den Bart. „Ich bin nicht dein Onkel Matze. Ich bin dein Papa Matze."

Alfie wurde bleich. Oh Gott. „Inzest?", hauchte er.

Jeff Bridges lachte. „Womit meine Vermutung über deine Geburt bewiesen wäre. Nein, Dummkopf, ich bin der Sohn deiner Großmutter. Als ich mich, lange nachdem ich von zu Hause ausgezogen war, in deine Mutter verliebt habe und sie schwanger wurde, hab ich gewusst, dass ich sie aus der Schusslinie bringen muss. In meinem Beruf kann man keine Familie haben. Das lenkt ab und macht erpressbar. Also hab ich euch beide zu meiner Mutter, deiner Oma, gebracht und ihr alles erklärt. Sie wollte mir noch ins Gewissen reden, hat mir nahegelegt, mich den Behörden zu stellen. Nach 25 Jahren würde ich begnadigt und könnte nochmal neu anfangen. Habe ich natürlich ausgeschlagen. Daraufhin hat sie sich von mir losgesagt. Und dir hat sie eingeredet, du seist mein Neffe, nicht mein Sohn. Aus Angst, du könntest sonst in meine Fußstapfen treten wollen." Seine Augen wurden feucht.

Mireille Mathieu und die Herzoginwitwe umarmten sich gerührt, aus Mosche Dajans funktionierendem Auge kullerte eine Träne, Hugh Hefner gab Selma einen Kuss. Nur Yussef putzte sich unbeeindruckt die Barthaare.

Auch Mandy war nicht wirklich tief bewegt. „So, *seine* Mutter hast du also geliebt. Und meine? Die war nur ein Abenteuer?"

„Ach, Kleines, jetzt sei doch nicht so empfindlich. Hauptsache ist doch, dass wir jetzt eine große, glückliche Familie sind! An mein Herz, geliebte Tochter!" Jeff Bridges – Alfie brachte es einfach nicht über sich, ihn *Papa* zu nennen – breitete die Arme aus.

Am Ende des Flures, draußen in der Lobby, beziehungsweise dem, was von der Lobby noch übrig war, herrschte jetzt weitgehend Stille. Man hörte einen Hund bellen. Wahrscheinlich ein Bluthund, der gleich Witterung und ihre Fährte aufnehmen würde.

„Komm schon, Kleines, alles wird gut!"

„Papa ...", flüsterte Mandy.

„Meine Tochter!" Jeff Bridges trat auf sie zu. Mosche Dajan schluchzte gerührt.

„... Papa ... du hast nur einen Idioten gezeugt, das ist der hier." Sie deutete mit der Waffe auf Alfie. „Ich brauche keinen Vater, ich habe schon einen. Ich will dein Geld."

Sie trat ihrerseits auf Jeff Bridges zu und hielt ihm beide Waffen an den Hals. Selbst, wenn er eine Schutzweste tragen sollte, würde ihm die nichts nützen, falls sie eine Halsschlagader durchsiebte.

„Kleines, ich habe kein Geld." Jeff Bridges sah seiner Tochter fest in die Augen.

„Das ist völlig unmöglich. Meine Mutter hat mir doch deine Akte gezeigt. Die ist so dick wie mein Unterarm. Lauter hochkarätige Opfer. Das muss dir Millionen eingebracht haben! Du warst die Numero Uno, der Beste."

„Oh bitte, vielleicht der Beste unter den Männern, nicht generell, das kann man so pauschal nicht sagen. Wir Frauen fallen immer unter den Tisch", warf die Herzoginwitwe ein, unter deren Rüschenbluse ein emanzipatorisches Herz schlug.

Jeff Bridges zuckte nicht mit der Wimper. „Kleines, ich habe das Leben immer bis zur Neige gelebt. Ich weiß, das ist jetzt eine Enttäuschung für dich, aber von dem Geld, das ich eingenommen habe, habe ich Champagner und schnelle Autos gekauft, um mir Frauen gefügig zu machen. Ich wollte immer nur Spaß haben."

„So viele Autos und so viel Champagner gibt es gar nicht, dass davon kein Rest geblieben wäre", widersprach Mandy.

„Du hast mich doch in den letzten Tagen kennengelernt. Den Großteil meines Geldes habe ich am Roulettetisch gelassen. Macao, Monte Carlo, Baden-Baden, immer mit schönen Frauen am Arm ... oft war ich schon zwei, drei Tage nach einem Auftrag wieder pleite. Glück in der Liebe, Pech im Spiel."

Alfie überlegte sich unterdessen, wie es passieren konnte, dass ein Apfel so weit vom Stamm fiel wie er von seinem Vater. Schöne Frauen, schnelle Autos, Spielcasinos ... das war nicht seine Welt. Das Einzige, was er mit seinem Vater gemeinsam hatte, war, dass er Frau Schröpp geschwängert hatte. Also, nicht dass Jeff Bridges sie ebenfalls geschwängert hätte. Es ging um das Prinzip des Fremdfrauenschwängerns. Das hatten sie gemeinsam. Mehr leider nicht. Alfie seufzte.

Mandy bockte. „Das glaube ich nicht!"

Jeff Bridges zeigte auf den zerzausten, übermüdeten Greisenhaufen hinter ihm. „Schau uns doch an. Wir sind am Ende. Zu menschlichen Beziehungen waren wir nie fähig. Wir sind alt und allein, und alles, was wir noch haben, ist eine baufällige Pension. Wenn du willst, kannst du sie haben. Ich setze einfach ein später datiertes Testament auf. Du kannst das Grundstück verkaufen. Beste Seelage, dafür bekommst du sicher gutes Geld."

„Da pfeif ich drauf. Die paar Kröten. Ich dachte, du hast Hunderte von Millionen gehortet."

„Ha!", machte die Herzoginwitwe.

Mireille Mathieu kicherte.

Das Bellen des Bluthundes schien näher zu kommen.

„Ich bin jetzt 68", sagte Jeff Bridges. „Das Einzige, was für mich noch zählt, ist die Familie. Reichtum ist nicht so wichtig. Wenn das Herz spricht, was hat da der Geldbeutel noch zu sagen? Nichts, er hat gar nichts zu sagen!"

Alfie fand das ja einen Tick zu schmierenkomödiantisch, aber die feuchten Augen wirkten lebensecht, das musste er zugeben. Alle seufzten. Auch Mandy.

„Verdammt!", brummte Mandy schließlich und ließ die Waffen sinken.

„Wir sollten hier weg", befand Jeff Bridges und drückte Mandy einen Kuss auf die Schläfe. Sie ließ es geschehen. Dann sah sie zu ihm auf. „Papa ..."

Jeff Bridges alias Matze Gänswein lächelte väterlich. Ungefähr zwei Sekunden lang. Dann hob Mandy die Rechte und schoss.

Nicht auf ihren Erzeuger, wieder in die Decke, aber trotzdem: Die Staatsmacht wurde auf sie aufmerksam. Und falls es der Exekutive doch entgangen sein sollte, brüllte Mandy noch: „Hierher, sie sind hier, Hilfe, zu Hilfe!" Dann huschte sie zur Hintertür, rief: „Viel Spaß noch, Leute!" und knallte die Tür hinter sich zu.

„Verdammt!" Mosche Dajan warf sich auf den Türknauf und rüttelte daran. „Ludwig, mach sie wieder auf."

„Das geht nicht so schnell, hab ich doch gesagt – die Tür darf nicht wieder zufallen. Ein Sicherheitsmechanismus gegen mehrfaches unbefugtes Öffnen."

„Wir haben keine Zeit", erklärte Jeff. „Selma, gibt es noch einen Ausgang?"

„Mir nach!", rief die Kannibalin. Alle eilten ihr hinterher. Jeff Bridges packte Alfie, der immer noch weiche Knie hatte und die Welt nicht mehr verstand, am Kragen und zerrte ihn hinter sich her.

Selma hastete eine schmale Personaltreppe nach unten. „Nach München 1972 wurden bei Olympiabauten immer Fluchttunnel verlangt. Seefeld musste '76 nachrüsten – das weiß kaum jemand. Ich habe mich bei der Seniorenwassergymnastik mit einem Bademeister ... äh ... angefreundet und der hat mir das ... äh ... Gebäude gezeigt."

Oh mein Gott, dachte Alfie, warum denn immer um den heißen Brei reden? Sie waren hier doch schließ-

lich alle erwachsen. Auch wenn er wie ein verstock-
tes Kleinkind von seinem Vater die Treppe hinunter-
gezerrt wurde.

Seinem Vater! Auf einmal wurde Alfie ganz rühr-
selig. Er war nicht mehr allein auf der Welt. Er hatte
einen Vater!

„Da ... da vorn ist die Tür!"

Und gleich darauf liefen sie, dank Hugh Hefners
magischen Entriegelungskünsten, durch einen sich
labyrinthartig schlängelnden Fluchttunnel unterhalb
von Seefeld und standen wenig später vor zwei halb-
runden Holztüren in der Klosterstraße, hinter der alle
Welt Mülltonnen oder Streusalzbehälter vermutete.

Sie hatten es geschafft!

Und hörten gerade noch, wie unter lautem Ächzen
die Olympiahalle zusammenbrach ...

16
Der Berg ruft!

Geschmeidig wie ein Klon aus Gämse und Luis Trenker, so wollte Alfie die umliegenden Höhen erklimmen, jetzt, wo seine Beinwunde abgeheilt war. Der Berg rief. Die Hohe Munde, um genau zu sein. Mit einer Kutsche, die von zwei beigefarbenen Kaltblütern gezogen wurde und deren Kutscher Almbauer in der siebten Generation war – er erzählte Alfie haarsträubende Räuberpistolen von seinen wilden Vorfahren –, ließ er sich gemächlich an den Fuß des Berges bringen. Und gleich darauf auch wieder zurück nach Seefeld. Schon unten setzte nämlich seine Höhenangst ein. Das hatte gar keinen Sinn. Mit etwas Leichtem anfangen, sagte Alfie sich daraufhin, und erklomm stattdessen den Pfarrer-Bichl-Kreuzweg.

Gut, mag der Österreicher an sich sagen, das fällt jetzt nicht unter Berg, mehr unter Maulwurfhügel – aber Alfie glaubte fest an Babyschritte. Und immerhin waren das auch 1213 Komma 6 Meter über dem Meeresspiegel. Wobei man dazusagen musste, dass er ab Ortsmitte aufstieg, und die lag bei 1200 Metern. Machte also summa summarum dreizehn Komma sechs Meter Höhenunterschied, die er zu bewältigen hatte. Noch kleiner kann ein Babyschritt kaum ausfallen. Alfie war dennoch stolz auf sich.

Der Hügel mit dem Kreuzweg lag zwischen dem Wildsee und der Olympiahalle – also der ehemaligen Olympiahalle, sie ruhe in Frieden! –, und an einem nieseligen Tag wie diesem fühlte sich niemand zur inneren Einkehr berufen. Alfie ja eigentlich auch nicht, er wollte nur Höhenluft schnuppern, jetzt, wo er keine Leiche mehr war. Inoffiziell wie offiziell gab es ihn wieder, und sein neu gewonnenes Leben gedachte er in vollen Zügen zu genießen. Tief atmete er das Aroma Tirols ein. Herrlich.

„Herrlich, nicht wahr?", bestätigte da eine Stimme hinter ihm. Eine Stimme, die ihm vertraut vorkam. Verdammt! Im Zeitlupentempo drehte er sich um.

Augusto Esterhuysen hielt eine SIG Sauer in der Hand. Ohne Schalldämpfer, die waren hier auch nicht nötig.

Alfie schluckte.

„Hallo?", sagte er, weil er ja gut erzogen war. „Äh ... müssten Sie nicht ... tot sein?"

„Kevlar-Schutzweste – trage ich immer an Stelle von Unterhemden." Esterhuyen klopfte sich auf die Brust.

„Das freut mich", entgegnete Alfie und meinte es auch so.

Darauf hätte man artig danke sagen können, aber Esterhuysen scherte sich nicht um gute Manieren. „Ich bin sehr ungehalten, junger Mann." Seine Stimme war frostig. „Sie haben mich um mein Vergnügen gebracht."

Alfie sagte nichts. Er dachte fieberhaft nach. Sie standen an der Stelle des Kreuzweges, an der ein großer Findling lag, in den ein Steinmetz die Worte *Jesus wird begraben* gemeißelt hatte. War jetzt auch seine Zeit gekommen? Würde Esterhuysen ihn plattgewalzt unter dem Findling zur letzten Ruhe betten?

„Das war nicht meine Absicht", antwortete Alfie schließlich, um Zeit zu gewinnen.

„Wissen Sie, die Welt ist ein Dorf", fuhr Esterhuysen fort. An diesem Tag trug er einen beigefarbenen Cordanzug mit dunkelbraunem Rolli darunter, dazu mahagonifarbene Halbstiefel. Alfie wünschte sich, irgendwann einmal so viel Stilgefühl zu haben wie Esterhuysen. Ja, dessen Eleganz, Selbstsicherheit und Esprit hätte er zu gern auch besessen. Nur dessen mörderische Triebe nicht, versteht sich.

„Jahrelang habe ich von meinem getreuen Rudi eine Leiche nach der anderen im hiesigen Wildsee versenken lassen – und dann muss ich eines Tages bei einer Kontrollinspektion feststellen, dass es in Seefeld vor ehemaligen Kollegen nur so wimmelt. Das geht natürlich nicht, das verstehen Sie doch, oder?"

Alfie nickte. Er trug an diesem Tag wieder die von Jeff Bridges geliehene Windjacke. Auf seine neue Stoffhose – die alte war ja eingelaufen – und die coolen Turnschuhe war er bis gerade eben noch mächtig stolz gewesen, aber jetzt fand er, dass er neben einer so männlich-virilen Erscheinung wie Esterhuysen aussah wie ein nerdiger Schuljunge. „Das geht nicht, da haben Sie recht", sagte er, ohne sich zu erinnern, worum es eigentlich gerade ging. Er war mit modischen Belangen beschäftigt. Und mit der Frage, wie er aus dieser Situation heil herauskommen konnte.

„Wissen Sie, wir Auftragsmörder sehen die Welt doch mit anderen Augen."

Sollte Alfie sich freuen, dass Esterhuysen ihn durch das *wir* in diesen illustren Kreis eingeschlossen hatte?

„Ich musste jederzeit damit rechnen, dass einem dieser grenzdebilen Greise etwas auffallen würde und sie meinen Entsorgungssee an die Behörden melden würden. Das konnte ich nicht zulassen. Darum wollte ich sie flächendeckend ausradieren." Er lächelte. „Ich sah diesem Projekt vorfreudig entgegen, obwohl es unentgeltlich erfolgte. Mein Beruf ist ja schließlich auch mein Hobby."

Alfie nickte. „Sie sind aber nicht debil. Sie sind alle noch ganz gut beieinander."

Esterhuysen wedelte mit der SIG Sauer. „Irrelevant."
Er setzte sich auf den Findling. „Und dann kommt mir
plötzlich diese Erbsache dazwischen. Ich wusste gar
nicht, dass Jonathan eigentlich Matze Gänswein heißt.
Mit dem Namen hätte ich mich natürlich auch um-
benannt. Anfangs dachte ich noch, es handle sich um
einen Glücksfall, ich könnte dem Erben das Waldschlössl abkaufen und dann als neuer Eigentümer für
einen ‚bedauerlichen Gasunfall' oder etwas in der Art
sorgen." Er schnaubte. „Aber nein, der Erbe ...", er bedachte Alfie mit missvergnügtem Blick, „... sträubt
sich. Und sorgt für eine Verkettung von Umständen,
die die ahnungslosen Grenzdebilen misstrauisch macht
und zu den Waffen greifen lässt. Enorm ärgerlich, um
es mal so zu sagen. Ich habe meine ganze Truppe verloren. Wer nicht tot ist, sitzt im Knast. Wenn ich ganz
ehrlich sein darf, bin ich mit dieser Situation unzufrieden."

Alfie nickte neuerlich. Das wäre er an Esterhuysens
Stelle auch gewesen.

Andererseits hätte er an Esterhuysens Stelle auch
schon längst den Abzug gedrückt. Man plauderte nicht
mit seinen Opfern. Das gab ihnen nur Gelegenheit, ihr
Überleben zu planen. Wobei da bei Alfie keine Gefahr
bestand. Er war immer ganz im Hier und Jetzt, und
das Gleich-Danach hatte keine Chance, Eingang in seine Denkprozesse zu finden.

„Ich werde mich wohl aus dem aktiven Geschäft
zurückziehen", fuhr Esterhuysen fort. „Aber Sie verstehen sicher, dass es nunmehr eine Frage der Ehre
ist, das ganze Waldschlössl-Pack auszulöschen, nicht
wahr? Mit Ihnen fange ich an, obwohl Sie mir durchaus sympathisch sind. Das darf ich doch sagen, oder?"

Alfie nickte nicht. Irgendwann war selbst für ihn der Punkt gekommen, an dem das Mitgefühl mit seinem Mörder endete.

„Also schön, bringen wir es hinter uns: Erschießen Sie mich!", sagte Alfie und kam sich dabei ungeheuer männlich vor. Wie Clint Eastwood. Im Angesicht des Todes nicht mit der Wimper zucken. Diese paar Tage in Tirol hatten aus ihm einen waschechten Actionhelden gemacht. Alfie war stolz auf sich.

„Ich habe nicht die Absicht, eine Kugel abzufeuern. Ich dachte mehr an das hier." Esterhuysen bückte sich. Jetzt erst bemerkte Alfie die Albrecht-Supermarkttüte. Aus der Esterhuysen gleich darauf ein Messer ... und eine Ananas zog.

„Hier bitte, guten Appetit!"

„Ich reagiere hochallergisch auf Ananas", antwortete Alfie.

„Ja eben!" Esterhuysen grinste. Diabolisch. Und stieß das Messer in die Frucht.

Das Bild von Clint Eastwood verpuffte. Den konnte man nicht mit einer Ananas ausschalten. Der war kein Allergiker. Alfie wurde wieder auf Normalgröße zurechtgestutzt. Aber er wollte mit Würde abtreten. Er nahm also Haltung an und ...

... stutzte.

„Was ist denn das da an Ihrem Ohr?"

Esterhuysen lächelte verächtlich. „Was soll das sein? Ein Ablenkungsmanöver? Um mir das Messer zu entwenden? Oder mir die Ananas an den Kopf zu werfen?" Er kicherte. „Das ist doch der älteste Trick auf Erden."

Alfie schüttelte den Kopf. Und verströmte aus jeder Pore seines Seins Aufrichtigkeit. Was auch Esterhuysen nicht entging. „Nein ... das da ... an Ihrem Ohr ... was ist das? Das ist doch ..."

Esterhuysen sprang vom Findling auf. „Ein Insekt? Eine Stechmücke?" Ansatzweise panisch fegte er mit der Hand über sein Ohr.

„Nein ... dieser Knubbel ..." Alfie zeigte mit dem Finger auf Esterhuysens linkes Ohr, das, weil Esterhuysen seine schulterlangen Haare heute zu einem Pferdeschwanz zurückgebunden hatte, gut zu sehen war.

„Was ist mit dem Knubbel? Kennen Sie sich mit Knubbeln aus? Ist das Hautkrebs?" Erneut fegte Esterhuysen über sein Ohr, als ob man auch maligne Wucherungen durch Wedeln beseitigen könnte. Sein Erscheinungsbild und seine körperliche Unversehrtheit waren offenbar Esterhuysens Achillesferse.

Alfie hob die Hand an sein Ohr. „Hier ... sehen Sie ... dieser Knubbel am Ohr ... den habe ich auch. Der wird dominant vererbt. Das ist der Gänswein-Knubbel!"

Alfie und Esterhuysen sahen sich an. Hätte es hier oben am Kreuzweg eine Uhr gegeben, man hätte sie ticken gehört.

Doch, ja, vom Alter her könnte es passen. Matze war ja erst 16, als er zum ersten Mal Vater wurde. Gut, Esterhuysen war vom Typ her eher dunkel, aber der Knubbel ... und die kriminelle Veranlagung ...

Schließlich ergriff Alfie das Wort.

„Sie sind nicht zufällig adoptiert, oder?", fragte er und sah sich schon mit Esterhuysen in den Sonnenuntergang reiten wie Winnetou und Old Shatterhand.

Esterhuysen schluckte.

Schwer.

In der Ferne schlugen die Glocken von Sankt Oswald an ...

17
Nachwort

Häppi End.

Das durfte man wohl so sagen.

Die Olympiahalle wurde in Rekordzeit wieder aufgebaut. Ein anonymer Spender hatte der Gemeinde mehrere Millionen zukommen lassen, unter der Auflage, dass der Wiederaufbau originalgetreu zu erfolgen habe.

Mireille Mathieu häkelte eine Leine für Yussef, damit er nicht mehr ausbüchsen, sondern nur noch auf Mosche Dajans Schulter sitzen und Käse naschen konnte. Er wurde zur fettesten Ratte der Welt und die Enkeltochter der Herzoginwitwe richtete Yussef eine eigene Facebookseite ein. Mireille Mathieu und Mosche Dajan bezogen im ersten Stock des Waldschlössls ein Doppelzimmer.

Hugh Hefners gebrochenes Bein heilte gut ab und Selmas überlange Fingernägel wuchsen wieder nach.

Augusto Esterhuysen stattete der Adoptionsagentur, die ihn seinerzeit an seine Eltern vermittelt hatte, einen Besuch ab. Wie sich herausstellte, war er vor exakt fünfzig Jahren – also neun Monate, nachdem Matze Gänswein seine blutjunge Nachbarin geschwängert hatte, die später Nonne wurde – zur Adoption freigegeben worden. Ein Vaterschaftstest bewies: Augusto war Matzes Erstgeborener. Jeff Bridges war unglaublich stolz auf seine beiden Söhne, Augusto und Alfred. Und Augusto und Alfred waren glücklich, endlich eine echte Familie zu haben.

Augusto entdeckte sein Talent zum Vollbluthotelier. Er ließ das Dach des Waldschlössls reparieren und Betonplatten auf dem Zugangsweg verlegen, übernahm das Kochen und entwarf sogar ein Faltblatt, um auch andere ruhestandswillige Auftragskiller von einem Lebensabend im wunderschönen Seefeld in Tirol zu überzeugen. Natürlich gab es im Safe-Raum noch ein oder zwei oder drei Handfeuerwaffen, aber den Sarg von Opa Killermann auf dem Friedhof in Mittenwald bestückten sie nicht erneut. Diese Phase ihres Lebens war vorüber.

Alfie bedauerte das ein klitzekleines bisschen. Der Nervenkitzel seiner ersten Tage in Seefeld war doch ungemein belebend gewesen.

Wenn Mosche Dajans Enkel zu Besuch kamen, spielten sie gern in großer Runde Brettspiele. Sonst gab es oft Hausmusik; mit Alfie an der Ukulele, der Herzoginwitwe an der Harfe und Jeff Bridges an der Mundharmonika. Wenn Augusto Heimweh bekam, spielten sie Tangos.

Gerda Schröpp schrieb Alfie eine Postkarte. Es gehe ihr und dem Ungeborenen gut, sie vermisse ihn ganz schrecklich, und ob er nicht wieder im Café anfangen wolle. Das Problem mit ihrem Gatten könne man sicher irgendwie aus der Welt schaffen ...

Alfie ließ Yussef die Karte in Kleinstteile zernagen, die er dann im Papiermüll entsorgte.

An einem erderwärmungsbedingt warmen Frühwintertag zwei Monate später saßen Jeff Bridges und Alfie – nein, Vater und Sohn – auf einer Holzbank am Ufer des Wildsees und fütterten Enten und Blesshühner. Die Sonne schien am Himmel, die Welt war in Ordnung.

„Ich bin sehr stolz auf dich", sagte Jeff Bridges. Bis ans Ende seiner Tage würde Alfie sich nicht daran gewöhnen, Papa zu ihm zu sagen, auch wenn er das – das war ihm jetzt klar – vom Moment ihres Kennenlernens an für ihn verkörperte. Den Vater, den er nie gehabt hatte. Seinen Vater.

„Danke." Alfie zielte mit einem kleinen Brotstückchen nach einer Ente und verfehlte sie. „Ich könnte in einem der Cafés hier jobben. Ich bin ganz gut darin, Kaffee-Kapseln in eine Maschine zu schieben."

„Warum das denn?", wollte sein Vater wissen.

„Na, wir brauchen Geld. Augusto hat den Aufgang zum Waldschlössl pflastern, das Dach neu decken und die Heizung sanieren lassen. Seine Ersparnisse reichen gerade noch für die Reparatur der Wasserrohre. Seit dem Vorfall mit Augustos Leuten sind zwei der Rohre defekt. Wir haben kein fließendes Wasser im zweiten Stock."

Das hätte Alfie nicht extra aussprechen müssen, man roch es allmählich. Sein Bad lag nämlich im zweiten Stock – und es funktionierte nicht.

„Nein", bekräftigte Alfie, „das Waldschlössl pfeift echt aus dem letzten Loch. Da muss jemand was tun. Ich werde dieser Jemand sein."

Sein Vater schmunzelte, zielte mit einem kleinen Brotstück nach einem Erpel und traf. Böses Geschnatter. „Jungelchen, ich muss dir mal was sagen. Aber das bleibt vorerst unter uns. Dein Bruder muss davon nichts erfahren."

Alfie wartete ab.

„Ich habe gelogen."

„Wie bitte?" Alfie hob die Augenbrauen. „Gelogen? Worüber?" Oh mein Gott! War er etwa doch nicht der Sohn von Jeff Bridges? Oder waren die Wasserrohre gar nicht zerschossen? Hatte er völlig grundlos tagelang nur Katzenwäsche an der Spüle in der Küche betrieben?

„Ich bin stinkereich." Sein Vater warf sich ein Stück trockenes Brot in den Mund und kaute. „Millionenschwer. Mehrere Millionen schwer. Ein erklecklicher Teil davon liegt unter einer der Fußbodenplatten im Safe-Raum, der Rest befindet sich auf diversen Konten in der Karibik, in Asien und natürlich hier vor Ort bei der Hypo Tirol."

Er nahm noch einen Bissen Brot. Die Enten fanden es gar nicht lustig, dass der bärtige Mensch sich an dem Futter vergriff, das eigentlich ihnen zustand. Sie quakten ungnädig. Es klang ein wenig nach der Herzoginwitwe.

„Die anderen sind übrigens auch reich", fuhr Jeff Bridges fort. „Natürlich sind wir reich. Wir waren Auftragskiller. Und zwar keine von diesen jämmerlichen Gestalten, die für hundert Rubel irgendein armes Schwein abstechen. Wir haben korrupte Politiker und gewissenlose Großkriminelle gekillt. Das kostet natürlich. Und weil wir jahrzehntelang erfolgreiche Profis waren, ist es natürlich auch dumm zu glauben, wir wären spielsüchtig gewesen und hätten unser ganzes Erspartes auf den Kopf gehauen. Echte Profis haben sich immer im Griff."

„Aber ... wieso ...?" Alfies Unterkiefer konnte nicht weiter herunterklappen, er stieß schon an sein Brustbein.

„Wieso wir dann hier im Waldschlössl leben und nicht in einem Schloss in Schottland oder einem Penthouse in Hongkong?" Jeff Bridges breitete die Arme weit aus. „Sieh dich doch mal um, Jungelchen, gibt es einen schöneren Ort als den hier?"

Die weißen Berggipfel rund um Seefeld glitzerten ebenso wie die kleinen Wellen auf dem Wildsee in der Sonne. Der Himmel erstrahlte kornblumenblau und wolkenlos. Die Luft roch süß.

„Nein", gab Alfie ihm recht. „Schöner als hier ist es nirgendwo. Hier will ich bleiben! Ich schwör's, so wahr ich Alfred Gänswein heiße!"

Sein Vater lächelte. „Weißt du, was ich glaube? Ich glaube, du bist ein Österreicher, gefangen im Körper eines Deutschen!"

Konnte es ein größeres Lob geben? Alfie stutzte plötzlich. Alles, wirklich alles in seinem Leben hatte sich in den letzten Wochen auf den Kopf gestellt. Was er für absolut sicher gehalten hatte, hatte sich als Fata Morgana erwiesen. Lauerte da womöglich noch irgendwo eine Überraschung? Eine unschöne Überraschung?

Alfie legte die Stirn in Falten. „Ich heiß doch Alfred Gänswein, oder? Papa? Papa???"

18
Nachnachwort

„Jungelchen, du denkst zu viel und lebst zu wenig. Bei deiner Aufzucht hat sichtlich die Hand deines Vaters gefehlt. Aber das holen wir jetzt alles nach", versprach Jeff Bridges und schlug Alfie markig auf die Schulter.

Sie standen in Alfies Zimmer. Jeff Bridges warf eine flache Ledertasche auf Alfies Bett.

„Was ist das?", wollte der wissen.

„Öffne sie."

Alfie ratschte den Reißverschluss auf – und eine Säge mit einem gemaserten Wurzelholzgriff kam zum Vorschein. Verständnislos schaute Alfie Jeff Bridges an. „Eine Säge?"

„Das ist eine *singende* Säge", erklärte dieser.

„Ich spiele schon die Ukulele nicht so besonders gut", wandte Alfie ein. „Musik ist nicht so meins."

„Jungelchen, du sollst damit keine Musik machen, sondern die Welt in einen besseren, weil schurkenfreien Ort verwandeln." Jeff Bridges tätschelte das Stahlblatt. „Die hier hat mir mein Kollege Harry Hasli vermacht. Er ruhe in Frieden. Mit dieser Säge hat er wahlweise musiziert oder seine Opfer bei lebendigem Leib zerlegt – was klangtechnisch auf dasselbe hinauslief." Er seufzte erinnerungsschwelgend. „Du hast gefragt, ob du wirklich mein Sohn bist. Das bist du. Du bist Alfred Gänswein. Meine Gene sind deine Gene. Und mit dieser Säge hier wirst du in meine Fußstapfen treten."

Alfie riss die Augen auf. Er wollte etwas sagen, wollte protestieren, aber ihm versagte vor Schreck die Stimme.

„Keine Sorge", sagte Jeff Bridges, „wir fangen nicht gleich heute mit deiner Ausbildung an. Gewöhne dich erstmal an den Gedanken. Als stolzer Vater bin ich nur ein wenig vorausgeprescht. Aber du holst mich schon noch ein."

„Einholen?"

Jeff Bridges schaute väterlich gerührt und drückte Alfie eine Visitenkarte in die Hand. „Mein Sohn!"

Gänswein & Sohn
Auftragsmorde aller Art

Danksagung

Alle zwei Jahre schreibe ich aus Lust und Laune einen „Sommerkrimi" – sogenannte Standalones, die früher immer auf den ostfriesischen Inseln spielten. Doch dann nahm mich an einem Buchmesseabend in Frankfurt ein Kollege aus Innsbruck mit zum Österreich-Empfang, auf dem ich den Verleger des Haymon Verlages kennenlernte. Der Rest ist Geschichte. Diese Geschichte.

Ich danke also Markus Hatzer, Georg Hasibeder, Linda Müller und Bernhard Aichner. Dem Georg und der Linda aber ganz besonders – so sensibel betreut wurde ich von Programmleiter und Lektorin noch gar nie nicht: Die zarte Künstlerseele ist beglückt!

Und ich danke dem Hotel Hocheder in Seefeld in Tirol, wo ich während der Recherche mein Haupt bettete. Hier vor allem den Herren Adrian Hadj und David Martin de los Rios für die nette Betreuung. Und Rudi Kriner vom Reisebüro Ferienglück in Mittenwald. Und meinem Nachbarn Tom W., der in meiner Abwesenheit die Oberhoheit über die Mülltonnen und den Posteingang hatte. Besonders herzlich danke ich auch Nina George und Jens J. Kramer für das Schreibasyl kurz vor Abgabeschluss!

Director's Cut

Casino Monte Carlo.

Ein Aston Martin in Racing Green fährt vor. Der uniformierte Türsteher eilt an die Fahrerseite und öffnet den Wagenschlag.

Geschmeidig steigt ein eleganter Mann im schmal geschnittenen Smoking aus. Er zupft seine Fliege zurecht, streicht mit der Rechten über sein gegeltes Blondhaar. Die Patek Philippe an seinem Handgelenk blitzt auf.

Leichtfüßig springt er die Stufen zum Haupteingang hoch. Man öffnet ihm die Tür, er nickt freundlich.

„Bonsoir, Monsieur", grüßt der Casino-Angestellte an der Rezeption und nickt einer jungen Kellnerin zu, die dem Ankömmling ein Glas Krug Grand Cuvée anbietet. Er lächelt ihr zu und nimmt das Glas. Sie errötet.

„Et votre nom, Monsieur?", erkundigt sich der Rezeptionist.

Der Ankömmling schiebt ihm einen Reisepass zu.

„Gänswein. Alfred Gänswein."

Versonnen zärtlich tätschelt er die Reise-Säge in der paspelierten Sakkotasche ...

Inhalt

In medias res 5

1 Herr Hofrat lässt grüßen 7
2 Zwei Fremde im Zug 24
3 Seefeld – Perle Tirols 32
4 Matzes letzter Wille 37
5 Das Panoptikum des Grauens 53
6 Der Morgen danach 70
7 Ein Angebot, das man nicht ablehnen kann 102
8 Das Leben als Leiche 120
9 Die Wahrheit und nichts als die Wahrheit
   (Aber mal ehrlich: Wer will das?!) 126
10 Eine Leiche ist eine Leiche ist eine Leiche 139
11 Schlacht um Seefeld 147
12 Mitternacht in Mittenwald 157
13 Auf zum fröhlichen Halali! 173
14 Heute ist ein guter Tag zum Sterben 179
15 Helden der Arbeit 190
16 Der Berg ruft! 202
17 Nachwort 208
18 Nachnachwort 213

Danksagung 215
Director's Cut 216

Herbert Dutzler
Letzte Bootsfahrt
Ein Altaussee-Krimi
Originalausgabe
368 Seiten, € 12.95
HAYMONtaschenbuch 133
ISBN 978-3-85218-933-8

Da kann selbst einem erfahrenen Dorfpolizisten der Appetit
vergehen: In pikanter Pose wird die Leiche eines Geschäfts-
mannes gefunden. Schnell kommen dubiose Details ans Licht.
Bestechung, unseriöse Grundstücksdeals – hinter der idylli-
schen Kulisse des Ausseerlandes geht nicht alles mit rechten
Dingen zu.

Der sympathisch-tollpatschige Gasperlmaier verlässt sich
in seinem dritten Fall so lange auf sein Bauchgefühl, bis ihm
flau im Magen wird: Auch seine Mutter scheint nämlich in
den Fall verwickelt zu sein.

„spitzzüngig, urig und amüsant"
Thomas Raab

www.haymonverlag.at

Peter Natter
Die Tote im Cellokasten
Inspektor Ibeles schwärzester Fall
Originalausgabe
192 Seiten, € 9.95
HAYMONtaschenbuch 152
ISBN 978-3-85218-952-9

Auf der Schubertiade im Bregenzerwald kommt es zu einem
bösen Zwischenfall – eine Gesellschaftsdame wird ermordet,
ein wertvolles Cello verschwindet spurlos. Inspektor Ibele
ermittelt in den prächtigen Gasthöfen von Schwarzenberg.
Er trifft auf betuchte Konzertbesucher und polternde Bauern-
buben und ist trotz jahrelanger Erfahrung mehr als gefordert:
Die Neigungen eines Trachtenfetischisten bringen selbst
den bodenständigen Vorarlberger Inspektor gehörig ins
Schwitzen.

*„Isidor Ibele ist am Zug. Peter Natter zeichnet seinen
Ermittlungsbeamten mit Verbeugung vor Friedrich Glauser."*
DER STANDARD

www.haymonverlag.at

Edith Kneifl | Stefan M. Gergely
Satansbraut
Ein Waldviertel-Krimi
Originalausgabe
208 Seiten, € 9.95
HAYMONtaschenbuch 163
ISBN 978-3-85218-963-5

Schauerlicher Mord im schönen Waldviertel: Ein junger
Popstar wird unter einem Granitblock aufgefunden, splitter-
nackt und tot. Drogenexzess? Selbstmord? Oder ist der Jüng-
ling gar Opfer eines Triebtäters geworden? Eine Gräfin, ein
Donaukapitän, ein Pfarrer und ein Arzt, das Quartett genannt,
ermitteln in diesem mysteriösen Todesfall auf die ihnen eigene Weise: bei Essen, Wein und Kartenspiel ...

   Satansbraut ist mit authentischem Lokalkolorit und
viel Humor gewürzt, dazu mit einer Prise Mystik verfeinert.
Angesiedelt im rauen Hochland zwischen Donau und tsche-
chischer Grenze, sind tiefe Einblicke in die Abgründe der
österreichischen Seele garantiert!

www.haymonverlag.at

Jacqueline Gillespie
Schade um die Lebenden
Ein Schneeberg-Krimi
Originalausgabe
192 Seiten, € 12.95
HAYMONtaschenbuch 118
ISBN 978-3-85218-918-5

Schade ist es um die Lebenden – die Toten haben es ohnehin schon hinter sich. So trösten sich die Hinterbliebenen von Charlotte von Schwarz, die im Anwesen der Familie am Schneeberg bei Wien ermordet wurde. Das bedeutet Arbeit für den Wiener Polizeijuristen Dr. Patrick Sandor. Und auch eine alteingesessene Hobbydetektivin setzt all ihre Menschenkenntnis ein, um dem Täter auf die Spur zu kommen.

Jacqueline Gillespies bezaubernd unterhaltsamer Krimi führt in ein kleines Dorf am Fuße des Wiener Hausbergs und zeichnet ein liebevolles und authentisches Porträt des Lebens dort. Obwohl nicht weit von Wien entfernt, scheint hier die Zeit stehengeblieben und die Welt noch in Ordnung zu sein – doch der Schein trügt ...

„Jacqueline Gillespies Regionalkrimi bezaubert mit eigenwilligen Charakteren und profunder Ortskenntnis.“
Die Presse am Sonntag

www.haymonverlag.at

Georg Haderer
Es wird Tote geben
Kriminalroman
328 Seiten, fest gebunden mit Schutzumschlag
€ 19.90
ISBN 978-3-7099-7049-2

Kann Major Schäfer endlich seinen Frieden finden?
Die Voraussetzungen sind gut: Aufs Land versetzt macht er
Dienst nach Vorschrift und genießt laue Sommerabende am
Lagerfeuer. Gestört wird die Ruhe nur durch ein deutsches
Filmteam, das in Schäfers idyllischem Revier eine Krimiserie
drehen will. Kurz darauf kommt eine Schülerin unter rätsel-
haften Umständen zu Tode. Und schon spielt Schäfer die
Hauptrolle in einem bösen Fall, zu dessen Aufklärung ihm
ausgerechnet ein Drehbuchautor mit ausufernder Fantasie
verhelfen will.
   In seinem neuesten Roman treibt Georg Haderer ein
so spannendes wie satirisches Spiel mit Fakten und Fiktion.
Kuriose Provinzdelikte, eiskalte Verbrecher und jede Menge
Verdächtige treffen sich zwischen Wald und Wirtshaus und
jagen gemeinsam einem filmreifen Showdown entgegen.

*„Man hat viel Spaß mit Schäfer in der Provinz. ... Der Leser
würde Schäfer mit Vergnügen auch ins nächste Dorf folgen."*
DER STANDARD, Ingeborg Sperl

www.haymonverlag.at